CRESÇA E LUCRE SEM ENLOUQUECER

Caro(a) leitor(a),

Queremos saber sua opinião sobre nossos livros.

Após a leitura, siga-nos no **linkedin.com/company/editora-gente,** no **TikTok @EditoraGente** e no **Instagram @editoragente** e visite-nos no **site www.editoragente.com.br.**

Cadastre-se e contribua com sugestões, críticas ou elogios.

CRESÇA E LUCRE SEM ENLOUQUECER

MACÁRIO MORAES

PREFÁCIO DE **ROBERTO SHINYASHIKI**

12 SEMANAS PARA IMPULSIONAR SUA VIDA E SEU **NEGÓCIO**

Gente
AUTORIDADE

Diretora
Rosely Boschini

Gerente Editorial Sênior
Rosângela de Araujo Pinheiro Barbosa

Editora
Audrya de Oliveira

Assistente Editorial
Mariá Moritz Tomazoni

Produção Gráfica
Fábio Esteves

Preparação
Wélida Muniz

Capa
Anderson Junqueira

Projeto gráfico e diagramação
Diego Lima

Revisão
Mariana Rimoli

Impressão
Assahi

Copyright © 2023 by Macário Moraes
Todos os direitos desta edição são reservados à Editora Gente.
Rua Natingui, 379 – Vila Madalena
São Paulo, SP – CEP 05443-000
Telefone: (11) 3670-2500
Site: www.editoragente.com.br
E-mail: gente@editoragente.com.br

Dados Internacionais de Catalogação na Publicação (CIP)
Angélica Ilacqua CRB-8/7057

Moraes, Macário
  Cresça e lucre sem enlouquecer : 12 semanas para impulsionar sua vida e seu negócio / Macário Moraes. - São Paulo : Autoridade, 2023.
  192 p.

ISBN 978-65-88523-82-7

1. Empreendedorismo 2. Negócios I. Título

23-4714	CDD 658.4012

Índices para catálogo sistemático:
1. Empreendedorismo

Nota da Publisher

Cresça e lucre sem enlouquecer é mais do que um livro, é um guia essencial para empreendedores que desejam conquistar o sucesso sem comprometer sua saúde física, mental e emocional. Com uma abordagem franca e pessoal, Macário Moraes compartilha sua jornada empreendedora, repleta de desafios e realizações, revelando lições valiosas que ele aprendeu da maneira mais difícil.

No mundo atual, onde o empreendedorismo é um sonho acalentado por muitos, este livro se destaca por abordar a realidade muitas vezes negligenciada: o preço invisível do excesso de trabalho e a busca desenfreada pelo sucesso financeiro. Através das experiências pessoais do autor e das histórias inspiradoras de outros empreendedores, somos convidados a repensar nossa abordagem de crescimento dos negócios e a adotar uma visão mais equilibrada e saudável.

Empreendedor serial, Macario sentiu na pele a realidade de tentar construir um negócio com tanta energia que, por outro lado, as demais áreas da vida foram negligenciadas. No entanto, diante de um burnout, ele conseguiu reconfigurar suas ações e desenvolveu um modo de agir, gerir e liderar que garantiu a ele não apenas o prestigio de participar de diversos programas de inovação, como a alegria de viver na realidade a tão sonhada liberdade com qualidade que todos que empreendem sonham em viver.

Ao longo das páginas, Macário Moraes apresenta uma metodologia prática, dividida em quatro etapas, cada uma relacionada a um dos capitais fundamentais dos empreendedores plenos: físico, intelectual, emocional e espiritual. Com abordagem direta e exemplos concretos, aprendemos a nutrir esses capitais para colher benefícios para além do financeiro financeiros, mas também em de todas as áreas que resultem no bem-estar geral.

Cresça e lucre sem enlouquecer não é apenas um guia para o sucesso nos negócios, é um convite para uma jornada de autodescoberta e transformação. Portanto, se você busca prosperar sem sacrificar sua saúde e felicidade, este livro é uma leitura imperdível. Prepare-se para mergulhar em insights profundos, estratégias práticas e conselhos honestos que o ajudarão a trilhar o caminho do crescimento sustentável e significativo.

Boa leitura!

ROSELY BOSCHINI
CEO e Publisher da Editora Gente

Dedico esse livro aos pequenos, médios e grandes **empreendedores normais** que se perceberam *acomodados*, *perdidos*, *esgotados* ou *prisioneiros* e decidiram transformar suas vidas e seus negócios para crescer e lucrar sem enlouquecer, porque isso é coisa de **empreendedor pleno**.

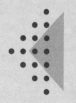

Agradecimentos

Escrever um livro é um grande desafio, e fazer isto em paralelo a vários negócios em pleno crescimento é um desafio ainda maior. E em 60 dias! Parece coisa de louco? Só parece...

Na verdade, grandes desafios podem ser superados com leveza e alegria, afinal, escrevi este livro deitado numa rede e com um fundo musical que me relaxa e me ajuda a focar, mas usei o método que você vai aprender para alcançar metas na vida e nos negócios. Para construir esse método, porém, precisei da ajuda de muitos, a quem agradeço de todo o meu coração.

À minha mãe Edilza Ponce Leon (*in memoriam*), de quem herdei a intensidade e o amor pela leitura, e ao meu pai, Macário Moraes, de quem herdo, além do nome, a vitalidade e humor. Aos meus sempre presente irmãos (André, Patrícia e Salomão), que carregam outras virtudes dos nossos pais, e a todos os meus parentes e ancestrais, entre eles minha tia Alaécia Moraes (*in memoriam*), que em suas contações de histórias da família me fez sentir a força das raízes que inspiraram meu crescimento.

Ao SEBRAE e aos gestores e treinadores do EMPRETEC/ONU, primeiro como empresário e depois como treinador, que me fizeram entender o alto impacto que o empreendedorismo tem na economia a partir do comportamento individual do empreendedor. Empreendedores são protagonistas.

Aos meus vários mentores e especialistas do corpo, da mente e do espírito, começando pelo Tio Patinhas (em breve você entenderá), passando por Roberto Shinyashiki e Abílio Diniz, e chegando ao maior de todos: Jesus Cristo. Todos me ensinam com suas jornadas e métodos testados. Mentores percorrem e abrem o caminho.

Aos milhares de empreendedores que participaram de minhas palestras, treinamentos e mentorias, e a todos com que con-

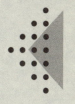

Agradecimentos

vivi e convivo, entre eles os amigos conselheiros que me fizeram perceber, com suas práticas, o poder da influência do ambiente que escolhemos em nossos resultados. Há momentos de dar e outros de receber, mas todos são de aprender. Você agora faz parte deles. Você faz parte do **Movimento Empreendedor Pleno**.

A todos os funcionários que estiveram e estão no grupo empresarial MOROS e que têm feito a empresa funcionar sem minha presença constante, entre eles os líderes que conduzem as equipes e que me desafiam nos pilares de nossa cultura de cuidar de pessoas e gerar oportunidades e prosperidade financeira.

Aos sócios e investidores que acreditam no modelo de crescimento do grupo e que aportam tempo, dinheiro e conhecimento para construir negócios rentáveis e sustentáveis e me apoiam no meu papel de fazer o grupo crescer.

À minha esposa Michelle Moraes, que em mais de 25 anos ultrapassou os maiores desertos em todas as áreas de minha vida. Quase não chegamos aqui, mas tenho certeza de que você é minha eterna companheira e que me trouxe minhas duas maiores riquezas: Mayara Moraes, com a sensibilidade e a força para transformar as minhas ausências do passado em aprendizagem para sua jornada, e Milena Moraes, com a leveza e a calma que nos ensina a sermos mais plenos. Não há dinheiro que compre a alegria de vê-las felizes e preparadas para seguir em frente em suas jornadas.

E, por fim, a Deus, que me fez experimentar a gratidão, o perdão, a esperança, a fé e o amor que queimam todas as feridas da jornada e me encorajam a me manter conectado, servindo e vivendo meu propósito todos os dias com intensidade, humor, alegria e leveza para crescer sem enlouquecer.

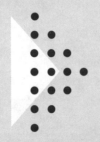

Prefácio

Que a doença emocional é o mal do século, todos estamos cientes, afinal, cada vez mais as pessoas estão desenvolvendo depressão, ansiedade e, agora, burnout, a famigerada doença do trabalho que se tornou o bicho de sete cabeças de todo empreendedor que vive jornada dupla – ou tripla – para fazer seu negócio girar. Diante dessa situação, e já tendo sentido na pele como essa doença tem o potencial de destruir tudo que lutamos para construir, Macário Moraes viu necessidade de compartilhar com o mundo os aprendizados que o fizeram sair desse lugar de dor para uma vida de crescimento, lucro e, mais importante, felicidade.

Aos que ainda não estão familiarizados com o termo, a Síndrome do Burnout é, segundo a Organização Mundial de Saúde (OMS), uma doença ocupacional, conhecida também como Síndrome do Esgotamento Profissional. Essa doença provoca desequilíbrio emocional e gera sintomas de ansiedade, depressão, negatividade constante, alteração de humor e cansaço excessivo, seja físico ou mental, que leva à exaustão. No Brasil, afeta, principalmente, profissionais da saúde, educação e segurança, que os leva, inevitavelmente, ao afastamento do trabalho. E, no caso dos empreendedores, pode resultar na pausa absoluta de todo o seu negócio, principalmente quando a empresa ainda não possui estrutura forte o suficiente para girar sozinha por certo tempo. Não existe abertura para um sabático forçado, essa é a verdade.

Quem já passou pelos primeiros passos do empreendedorismo sabe que o grande sonho da liberdade financeira, geográfica e temporal é algo distante, um motivador, um objetivo, sim, mas em construção. A veia empreendedora pulsa forte, mas é necessário muito mais para pavimentar essa estrada de tijolos dourados, e algo é esquecido ao longo dessa construção: sucesso é felicidade. E quando as demais áreas da vida são esquecidas, você anda na contramão do que está buscando.

Portanto, este livro é um salva-vidas àqueles que estão na via errada, sem conseguir recalcular a rota para alcançar o que realmente desejam. Aqui, Macário Moraes conta como fez para recuperar muito mais que a saúde, salvando seu casamento, reconectando-se com seus filhos, vivenciando crescimento e lucro nos negócios e, o mais importante, encontrando-se com o verdadeiro sucesso, aquele que traz o sorriso no rosto e alimenta a fome de conquistar a sua fatia do mercado, deixando a sua marca e a sua história e construindo um legado sem igual.

Recomendo que você mergulhe nesta leitura de mente aberta, pronto para recalcular suas ações e repensar prioridades e objetivos. Com certeza, ao final, você estará fortalecido e preparado para navegar por um empreendedorismo pleno, de resultados e que esbanja conquistas. Dessa forma, inevitavelmente, você conquistará a tão sonhada vida de dono de empresa, com liberdade de tempo, enquanto empreende.

ROBERTO SHINYASHIKI

SUMÁRIO

PARTE 1 - EMPREENDEDOR NORMAL: ATÉ QUANDO?

16 **Introdução**
Empreender: expectativa x realidade

23 **Capítulo 1**
Empreendedor ou empregado de mim mesmo?

33 **Capítulo 2**
As fases da empresa x o papel do empreendedor

43 **Capítulo 3**
Motivos para não crescer sem enlouquecer

55 **Capítulo 4**
Será que sou mesmo um empreendedor?

PARTE 2 - A JORNADA DE CRESCER SEM ENLOUQUECER

69 **Capítulo 5**
Como me afastar do operacional e selecionar a oportunidade
para crescer sem enlouquecer?

92 **Capítulo 6**
Qual preço estou disposto a pagar para crescer sem enlouquecer?

114 **Capítulo 7**
Como e com quem vou crescer sem enlouquecer

146 **Capítulo 8**
Mantendo a conexão com a fonte certa para crescer sem enlouquecer

PARTE 3 - EMPREENDEDOR PLENO: RESULTADOS NA VIDA E NO NEGÓCIO

170 **Capítulo 9**
Aprendendo com o programa de 12 semanas como revolucionar meu
negócio a partir do método crescer sem enlouquecer

184 **Capítulo 10**
Sou meu próprio herói

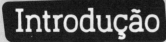

Introdução
EMPREENDER:
expectativa x realidade

Ser dono do próprio negócio é o maior sonho do brasileiro seguido de viajar.[1] Se você chegou até este livro é porque, provavelmente, já tomou a decisão de empreender, ou tem um desejo muito forte de ter seu próprio negócio, e deseja desfrutar a liberdade, a autonomia e a riqueza que a vida empreendedora promete. Para alcançar esse sonho, é bastante comum começar seu negócio em algum segmento em que já seja especialista. O médico que atende em consultório próprio, o professor que dá aulas on-line, o técnico em informática que oferece serviços de suporte ou o vendedor que adere a uma franquia. O familiar é um caminho que imprime maior segurança, principalmente porque, no início, o empreendedor está sozinho ou apenas com um parceiro de confiança para enfrentar o desafio de conquistar os primeiros clientes ou contratos.

Com a primeira entrada no caixa, o sonho toma forma, a energia e todas as expectativas para o negócio se elevam. Então chega a dura realidade. Entregar, pagar, recolher impostos, receber, cobrar, organizar, precificar, comprar, vender, contratar, gerir... parece que o dia não tem fim! E, por mais que você tenha funcionários, todas as demandas caem sobre você. De repente, você está em todos os lugares e em nenhum ao mesmo tempo. O resultado não é o esperado, os funcionários ou parceiros não executam as tarefas como deveriam, e aquela ideia de liberdade, lucro e autonomia parece que nunca vai

---

1 CAMARGO, Janaina. Empreender ou viajar? O maior sonho do brasileiro é fazer os dois, mostra pesquisa. **Money Times**, 10 maio 2023. www.moneytimes.com.br/empreender-ou-viajar-o-maior-sonho-dos-brasileiros-e-fazer-os-dois-mostra-pesquisa/#. Acesso em 12 set. 2023.

chegar. Para muitos, o sonho de ser dono do próprio negócio pode se transformar em um verdadeiro pesadelo.

No meu caso, o espírito empreendedor foi se moldando aos poucos, desde a infância. Venho de uma família de classe média na qual as iniciativas de negócio do meu pai, da minha mãe e do meu avô materno foram malsucedidas. Essas experiências trouxeram conflitos que deixaram marcas cujos impactos na minha jornada empreendedora só fui entender mais adiante, em vários processos terapêuticos.

A questão é: desde pequeno eu gostava de ganhar dinheiro. Na época, eu era muito fã do Tio Patinhas, que nadava no cofre cheio de moedas, e fui adquirindo algumas características que não eram tão bem-vistas pelos meus colegas, que me chamavam não tão carinhosamente de pão-duro, mão de vaca, miserável, sovina e pirangueiro, brincadeiras que hoje poderiam ser classificadas como bullying. Mas eu tinha em minha mente que seria rico, e segui aquele caminho da infância, sem entender que essa rigidez poderia ser um reflexo do medo de faltar dinheiro, algo que vivi bastante por conta dos empreendimentos frustrados da minha família.

Aos 17 anos, comecei a trabalhar formalmente; aos 21, comprei um carro (caindo aos pedaços) e, com ajuda do meu pai, um apartamento. Eu era completamente fora do padrão para a minha idade. Nessa época, conheci um Tio Patinhas da vida real, alguém que se tornou meu mentor e que, a partir de um método, incitou em mim o desejo de alcançar a independência financeira e o primeiro milhão até os 40 anos.

O método era: trabalho duro, leitura de livros técnicos sobre finanças, vida austera, educação de alto nível, atuar como consultor e construir uma carreira executiva global. E deixou claro que eu deveria buscar um novo meio ambiente. Mentor, Meta, Método e Meio Ambiente para me ajudar nessa jornada. Simples assim.

A partir daí, foram várias decisões tomadas. Pedi demissão, fui aprender inglês na Inglaterra, fiz MBA, mestrado, dei aula no ensino superior e me tornei consultor de processos e negócios em uma empresa de atuação internacional nos setores automotivo, bancário e de telecomunicação, treinando gestores e empreendedores no Brasil e no México. Essa convivência com empreendedores foi outra virada de chave na minha mentalidade e gerou muito conflito no início.

INTRODUÇÃO

Ao me deparar com o modelo de vida desses empreendedores, descobri que eles viviam uma vida que eu não conhecida, uma em que era possível alcançar mais rápido a independência financeira. O caminho escolhido por eles era muito diferente do meu, e mais arriscado. Mesmo assim, decidi abrir meu próprio negócio.

Foram anos alucinantes trabalhando de domingo a domingo, catorze, dezesseis horas por dia (o que já era um hábito comum meu como funcionário). Nesse período, além da consultoria, chegamos a quatro franquias e fundei uma startup reconhecida entre as melhores do Brasil. Contávamos com mais de 100 funcionários, e, aos 40 anos, atingi a tão sonhada independência. Tinha dado certo. Eu me transformara no Tio Patinhas. Mas havia uma parte da história que eu não tinha percebido.

O excesso de dedicação ao trabalho na busca do enriquecimento tinha cobrado um preço invisível. Eu praticamente não parava para comer, entendia atividade física como coisa de gente desocupada e me orgulhava de dormir apenas quatro ou cinco horas por dia para voltar a trabalhar o mais rápido possível. Minha tolerância com os funcionários era muito baixa e eu me irritava com facilidade. Além disso, minha relação com minhas filhas era muito distante; e com a minha esposa, muito difícil. Até que chegou o momento em que precisei procurar ajuda, porque era óbvio que eu estava ficando doente.

Eu havia exigido muito do meu cérebro e estava com sintomas de esgotamento físico e mental decorrentes do excesso de trabalho. A indicação era tomar medicação por tempo indeterminado. Tive sintomas da síndrome de burnout antes de ela ficar conhecida, em 2022, como a doença do trabalho.[2]

Saí da consulta médica me sentindo velho e fracassado, com vontade de largar as empresas, a família e tudo mais que me pesava. Queria jogar tudo para o alto, mas sabia que não podia. Então fechei e vendi alguns dos meus negócios e passei a estudar ainda mais sobre comportamento de empreendedores que pareciam agir de maneiras diferentes e conseguir diferentes resultados.

---

2 VIANA, F. A falta de planejamento é um dos vilões da mortalidade das empresas no Brasil. **Sebrae PR**, 23 mar. 2023. Disponível em: https://sebraepr.com.br/comunidade/artigo/a-falta-de--planejamento-e-um-dos-viloes-da-mortalidade-das-empresas-no-brasil. Acesso em: 1 jun. 2023.

Percebi que eles valorizavam CORPO, MENTE e ESPÍRITO, mas não faziam alarde disso. Percebi que os hábitos que me ajudaram a acumular dinheiro foram os que me deixaram doente. Eu estava trabalhando sempre no extremo, nunca no equilíbrio, e entendi que aquele comportamento não me afastava apenas da minha saúde, também me afastava do sucesso que eu gostaria de ter em família, nos negócios, na vida toda.

Você se sente desse maneira? Como se estivesse abrindo mão do melhor hoje para, talvez, vivê-lo por um breve momento num futuro distante? Serei sincero: se continuar assim, provavelmente não vai chegar lá na frente bem o suficiente para colher os frutos que está se esforçando tanto para plantar hoje. E estou aqui para ajudar você a aproveitar todo o percurso e a evitar adoecer ou enlouquecer no caminho, começando hoje.

Atualmente, estou em uma posição capaz de dizer que existe um caminho melhor. E mais: um caminho que vai aumentar seu faturamento e lucro e, ao mesmo tempo, entregará a liberdade que você deseja para efetivamente aproveitar a sua vida. Aprendi esse caminho do modo mais doloroso possível, e desejo poupar você de passar por uma experiência igual a minha – se é que já não está passando. Portanto, neste livro, vou compartilhar uma metodologia que tem transformado a vida de milhares de empreendedores a partir das palestras, treinamentos e mentorias do Programa Crescer sem Enlouquecer.

Antes de continuar, quero fazer uma provocação: você deseja ser um empreendedor NORMAL ou PLENO? Observe a tabela a seguir e analise as opções:

AMBIENTE EMPRESARIAL

FATOR	NORMAL	PLENO
CRESCIMENTO DO NEGÓCIO	Crescimento baixo ou limitado. Empreendedor atua como funcionário. Medo de crescer e não dar conta (sobrecarga).	Empreendedor em oportunidades viáveis de crescimento. Contratação de gestores e funcionários. Transforma medo em desafio.

INTRODUÇÃO

FATOR	NORMAL	PLENO
LIDERANÇA E METAS	Atividades concentradas no empreendedor e sem clareza de direção. Falta de outros líderes. Sem planejamento.	Metas claras, nascidas de um desejo ardente. Liderança compartilhada com gestores formais. Rituais e ferramentas de planejamento.
PROCESSOS E SISTEMAS	Não existem ou não são utilizados. Dependem do talento individual e/ou da presença do dono.	Procedimentos operacionais escritos e utilizados. Sistemas para garantir a satisfação dos clientes e a eficiência.
RELACIONAMENTO COM FUNCIONÁRIOS	Distante, dependente e sob supervisão constante das tarefas.	Humano, clareza de responsabilidades e metas.

AMBIENTE PESSOAL

FATOR	NORMAL	PLENO
PROPÓSITO DA EMPRESA	Garantia das necessidades e desejos pessoais e da família. Ficar rico e não precisar trabalhar.	Gerar resultados para todos os envolvidos. Servir aos clientes, funcionários e comunidade. Ambiente de expressão de talentos.
SAÚDE DO CORPO	Dorme pouco, come mal e não se exercita. Não pode perder esse tempo. Convive com alguns sintomas de perda de saúde.	Coloca sua saúde como prioridade. Busca ajuda para aumentar seu nível de disposição e atenção, principalmente depois dos 35 anos. Desenvolve a disciplina necessária para os negócios.
RELACIONAMENTOS FAMILIARES	Pouco tempo de qualidade. Conflitos e/ou separações de cônjuge e filhos. Competição entre os membros e papéis.	Conflitos tratados sem violência e/ou com ajuda terapêutica. Clareza de papéis e tarefas. Colaboração.
RELACIONAMENTOS SOCIAIS	Limitados ao ambiente profissional e superficial. Competitivos.	Amplos e incluindo outros interesses. Acolhedores e apoiadores.
ESPIRITUALIDADE	Baixa e restrita à vida privada.	Alta e conectada a propósito do empreendedor. Potencializa a conexão com pessoas e com algo maior.

Consegue enxergar a diferença? É isso que você vai aprender a conquistar nas próximas páginas. Em resumo, aqui neste livro você vai encontrar:

- como startups aproveitam oportunidades para crescer rápido e continuamente;
- como ganhar tempo com ferramentas práticas de planejamento empresarial e pessoal;
- como empreendedores de sucesso reconhecidos pela ONU usam seus comportamentos para gerar resultados;
- como aumentar a energia através de práticas/hábitos ativadores para gerar energia para a vida intensa do empreendedor.

Tudo isso está organizado em quatro etapas de crescimento do negócio: oportunidade, planejamento, execução e pessoas, integrados aos quatro capitais dos empreendedores plenos: **físico**, **intelectual**, **emocional** e **espiritual**. Em breve, você vai entender que os empreendedores plenos fazem depósitos nestes capitais na vida pessoal e nos negócios, e como consequência constroem e sustentam seu capital financeiro.

Está pronto para dar esse salto em sua vida, crescer sem enlouquecer e começar a transformar seus sonhos em **realidade**?

Então vamos lá!

Capítulo 1

EMPREENDEDOR ou EMPREGADO de mim mesmo?

O número de pequenas e médias empresas (PME) chegou a 99% do total de empresas brasileiras em 2021,[3] representando 62% dos empregos de carteira assinada e 27% do PIB, empregando até 49 funcionários no comércio e serviços e 99 na indústria.[4]

Segundo pesquisa do Global Entrepreneurship Monitor (GEM),[5] 48,9% das PME nascem para atender às necessidades de sobrevivência e renda dos empreendedores que adiam ou mesmo evitam contratações que possam reduzir suas retiradas financeiras. Isso se traduz em excesso de trabalho concentrado no empreendedor, o

---

3 O MERCADO atual de pequenas e médias empresas no Brasil. **Globo Gente**. 6 jul. 2022. Disponível em: https://gente.globo.com/infografico-pesquisa-o-mercado-atual-de-pequenas-e-medias-empresas-no-brasil/#:~:text=Pequenas%20e%20M%C3%A9dias%20Empresas%2C%20as,mas%20que%20tamb%C3%A9m%20significam%20oportunidades.&text=18%2C9%20milh%C3%B5es%20de%20empresas%20ativas%20no%20Brasil. Acesso em: 1 jun. 2023.

4 DEFINIÇÃO de porte de estabelecimentos segundo o número de empregados. **Sebrae**. Anuário do trabalho na micro e pequena empresa 2013. p. 17. Disponível em: https://www.sebrae.com.br/Sebrae/Portal%20Sebrae/UFs/SP/Pesquisas/MPE_conceito_empregados.pdf. Acesso em: 1 jun. 2023.

5 1 EM CADA 2 empreendedores ainda abre negócio por necessidade. **G1**. 24 mar. 2022. Disponível em: https://g1.globo.com/empreendedorismo/noticia/2022/03/24/1-a-cada-2-empreendedores-ainda-abre-negocio-por-necessidade.ghtml. Acesso em: 1 jun. 2023.

que, em algum momento, o faz ter resultados abaixo do esperado no negócio, e ainda absorve seu tempo pessoal. Essa é uma consequência do despreparo do empreendedor. Alguns não sabem se são empresários ou empregados de si mesmo.

O desafio diário passa a ser balancear tempo, energia e disposição pessoal para manter o funcionamento da empresa e ainda conseguir o desejado crescimento que pode levar ao sonho da liberdade e da autonomia.

Crescimento da empresa x energia do empreendedor

Você já deve ter sentido na pele que empreender é uma atividade que exige muita energia e disposição, que vem dos quatro capitais (físico, intelectual, emocional e espiritual), principalmente quando a empresa entra na jornada de crescimento. Por isso, é muito importante entender em que ponto você está neste momento em relação a dois aspectos: crescimento da sua empresa e sua energia. Observe o quadro a seguir.

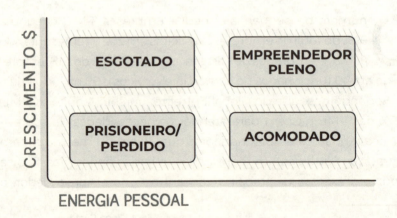

Baixa energia x baixo crescimento: prisioneiro/perdido

A motivação de empreender pela necessidade de sobrevivência reforça a concentração das atividades no empreendedor, e as crescentes horas de trabalho consomem sua energia pessoal. A sensação de estar aprisionado e sem direção que acaba aparecendo é, para muitos, pior do que estar em um emprego de que não se gosta.

> Lembro do Rômulo, que pediu demissão da concessionária onde trabalhava como chefe de oficina para se tornar sócio de uma oficina mecânica com seu irmão e sua esposa. Depois de três anos vivendo o sonho de ter sua própria oficina, ele continuava consertando carros, levando e pegando veículos na casa dos clientes, chegando a trabalhar treze horas por dia. Resultado: acumulou dívidas, engordou 12 quilos e passou a ter problemas de relacionamento com a esposa e o irmão. Foi quando começou a duvidar se valia a pena continuar com o negócio ou voltar a ser empregado. Ele estava **vivendo para** a própria empresa e se sentia **perdido** sobre que rumo seguir.

Alta energia x baixo crescimento: acomodado

Cuidar da saúde do corpo, da mente e do espírito tornou-se uma das vinte tendências do pós-pandemia, segundo a revista *The Economist*.[6] E avanços nos campos da genética, do estilo de vida e da tecnologia podem, juntos, auxiliar no aumento da nossa qualidade de vida para ultrapassarmos os 100 anos.[7] Isso quer dizer que ainda temos muito tempo pela frente e potencial de nos mantermos ativos profissionalmente.

Acontece que, depois de atingir um patamar de lucro que paga o seu estilo de vida, alguns empreendedores dedicam um tempo razoável à sua qualidade de vida – o que é justo –, mas param de dar atenção ao crescimento da empresa. Assim como na natureza, algo que para de crescer tende a morrer depois de algum tempo.

Carla tem um vínculo público e é sócia em um escritório de advocacia. Pratica atividades físicas e é muito ativa em grupos de meditação e oração. Enfim, tinha renda garantida e uma vida equilibrada em tempo e atenção. Mas, mesmo com grande potencial de crescimento em função da qualificação técnica de sua sócia e da rede de contatos, seu escritório não crescia como poderia.

---

6 20 TENDÊNCIAS pós-pandemia e a saúde. **Scienceplay**. 18 ago. 2021. Disponível em: https://scienceplay.com/pt-br/2021/08/18/pos-pandemia-e-a-saude/. Acesso em: 1 jun. 2023.

7 SCHESTATSKY, P. **Medicina do amanhã:** como a genética, o estilo de vida e a tecnologia juntos podem auxiliar na sua qualidade de vida. São Paulo: Editora Gente, 2021.

Lembre-se de que o principal trabalho do empreendedor é fazer a empresa crescer, e se sua energia não estiver sendo direcionada para isso, é provável que você esteja acomodado.

Baixa energia x alto crescimento: esgotado

Se você já teve um crescimento acelerado, sabe muito bem que o nível de energia exigida aumenta desproporcionalmente. Além do aumento na quantidade de atividades, nem sempre aquelas que você gosta de fazer, ainda há o aumento no número de pessoas com quem você passa a interagir, como clientes, fornecedores e funcionários.

Muitas vezes, essas demandas são simultâneas, e, depois de muitas horas de trabalho, não é incomum não se lembrar do que você fez. É como se você estivesse numa esteira de alta velocidade e sem a preparação adequada. Em algum momento, o cansaço toma conta e você pode até querer jogar tudo para o alto, mesmo em fase de pleno crescimento.

Carlos tinha trabalhado na área comercial em diversas empresas até que, em meio à pandemia, decidiu abrir em casa um negócio de venda de produtos de limpeza para condomínios. Com grande carisma e o diferencial de reduzir o consumo dos condomínios com a aplicação correta dos produtos, rapidamente a pequena empresa cresceu e passou a tomar conta da casa. Carlos fez empréstimos familiares, bancários, contratou entregadores e, no meio de tudo isso, ainda teve um filho. Resultado: estava ativo desde de manhã cedo até tarde da noite. Em determinado momento, sofrendo com sintomas físicos de ansiedade, esteve disposto a largar tudo e voltar a procurar emprego. A empresa dele estava crescendo muito, mas ele estava **esgotado** e não via saída a não ser largar tudo.

Alta energia x alto crescimento: empreendedor pleno

Pode não parecer real agora, mas é possível construir uma jornada de crescimento constante para a empresa mantendo um alto nível de energia. É neste ponto que vários empreendedores plenos estão: crescendo sem enlouquecer, mesmo dedicando energia intensa aos empreendimentos, porque criaram um ambiente pessoal, familiar e empresarial que os ajudaram a gerar a energia necessária. Estudei e entrevistei alguns desses empreendedores plenos: Chieko Aoki, Sônia Hess, Ricardo Bellino, Rogério Gabriel, Roberto Shinyashiki e Abílio Diniz.

Muitos dos empresários que passaram pelos programas Crescer sem Enlouquecer também chegaram a esse nível. Antes, porém, todos estavam, assim como eu, na jornada de "empreendedor normal": perdidos, sem vida além do trabalho, esgotados ou acomodados na vida pessoal ou nos negócios. Mas eles decidiram mudar, e começaram um processo de transformação em direção à zona dos empreendedores plenos.

Vivi muito tempo fora dessa zona, e sei como às vezes esse simplesmente parece ser o nosso destino. O importante aqui é ter consciência das consequências das nossas decisões. Afinal, mudar ou não mudar sempre cobrará algum preço.

Síndrome de burnout: pandemia silenciosa

O trabalho sempre exigiu energia e tempo, e, nas últimas décadas, a demanda aumentou. Com isso, novas expressões foram acrescentadas ao vocabulário de quem trabalha. Afirmações como "você precisa vestir a camisa da empresa" ou "sou workaholic", comuns nos anos 1990 e 2000, eram vistas como positivas, porque estavam supostamente associadas ao comprometimento e ao desejo de crescimento. Mas, com o desenvolvimento da tecnologia, o regime de trabalho em home office e acessível 24 horas, e, principalmente, após a pandemia, frases como essa ultrapassaram os limites empresariais e trouxeram consequências significativas para a vida e a saúde dos trabalhadores. Hoje há doenças específicas causadas pelo excesso de trabalho, como a síndrome de burnout, que designa algo que deixou de funcionar por exaustão.

O Brasil se classifica em 2º lugar no ranking mundial[8], perdendo apenas para o Japão, como local onde pessoas morrem por esgota-

---

8 PATERSON, S. **Mortes por excesso de trabalho refletem desafios do Japão para mudar cultura de hora extra**. Disponível em: <https://www.bbc.com/portuguese/internacional-38494915>. Acesso em: 12 set. 2023.

mento, o que é chamado no Japão de *karoshi*. E mesmo países que estão fora do top 5 desse ranking indesejado, como Portugal, figuram em pesquisas. No caso de Portugal, 57% da população[9] diz já ter estado perto de sofrer um burnout.

A síndrome de burnout foi descrita pela primeira vez em 1974, pelo médico norte-americano Herbert Freudenberger, e sempre esteve associada ao trabalho. O próprio especialista a descreveu como "um estado de esgotamento mental e físico causado pela vida profissional".[10] Desde janeiro de 2022, a síndrome foi reconhecida como doença ocupacional pela Organização Mundial da Saúde (OMS). No Brasil, afeta, principalmente, profissionais das áreas da saúde, educação e segurança, ocasionando seu afastamento.

Segundo o Ministério da Saúde,[11] a síndrome de burnout envolve nervosismo, sofrimentos psicológicos e problemas físicos como dor de barriga, cansaço excessivo e tonturas. O estresse e a falta de vontade de sair da cama ou de casa, quando constantes, podem indicar seu início. Além dos sintomas citados, outros podem ajudar na identificação dessa doença silenciosa:

- dor de cabeça frequente;
- alterações no apetite;
- insônia;
- dificuldades de concentração;
- sentimentos de fracasso e insegurança;
- negatividade constante;
- sentimentos de derrota e desesperança;
- sentimentos de incompetência;
- alterações repentinas de humor;
- isolamento;
- fadiga;

---

9 STADA Health Report 2022. Disponível em: <https://www.stada.com/media/health-reports/stada-health-report-2022>. Acesso em: 12 set. 2023.

10 SÍNDROME de burnout já é classificada como doença ocupacional. **Jornal da PUC-SP**. 4 mar. 2022. Disponível em: https://j.pucsp.br/noticia/sindrome-de-burnout-ja-e-classificada-como-doenca-ocupacional#:~:text=Ela%20%C3%A9%20caracterizada%20pelo%20esgotamento.contexto%20f%C3%ADsico%20e%2Fou%20mental. Acesso em: 1 jun. 2023.

11 SÍNDROME de burnout. **Ministério da Saúde**. Disponível em: https://www.gov.br/saude/pt-br/assuntos/saude-de-a-a-z/s/sindrome-de-burnout. Acesso em: 1 jun. 2023.

PODE NÃO PARECER REAL AGORA, MAS É POSSÍVEL CONSTRUIR UMA JORNADA DE CRESCIMENTO CONSTANTE PARA A EMPRESA MANTENDO UM ALTO NÍVEL DE ENERGIA.

empreendedor.pleno

- pressão alta;
- dores musculares;
- alteração nos batimentos cardíacos.

A síndrome de burnout também pode acontecer quando o profissional planeja ou é pautado para objetivos de trabalho muito difíceis, situações para as quais a pessoa pode achar, por algum motivo, que não tem capacidade suficiente. Essa síndrome pode levar a um estado de depressão profunda e até ao suicídio.

Estes são os estágios associados ao agravamento da síndrome de burnout:[12]

1. Dedicação intensificada: com predominância da necessidade de fazer tudo sozinho e a qualquer hora do dia (imediatismo).

2. Descaso com as necessidades pessoais: comer, dormir e sair com os amigos começam a perder o sentido.

3. Aversão a conflitos: o portador percebe que algo não vai bem, mas não enfrenta o problema. É quando ocorrem as manifestações físicas.

4. Reinterpretação dos valores: isolamento, fuga dos conflitos. O que antes tinha valor, como lazer, casa e amigos, passa a ser desvalorizado, e a única medida da autoestima torna-se o trabalho.

5. Negação de problemas: nessa fase, os outros são completamente desvalorizados, tidos como incapazes ou com desempenho abaixo do seu. Os contatos sociais são repelidos, cinismo e agressividade são os sinais mais evidentes.

6. Recolhimento e aversão a reuniões: o indivíduo passa a recusar socialização, evitar o diálogo e priorizar e-mails, mensagens, recados etc.

7. Despersonalização: a pessoa experimenta momentos de confusão mental em que não sente seu corpo como de costume. Pode se sentir flutuando ao ir ao trabalho, ter a percepção de que não controla o que diz ou que não se reconhece. Ocorrem ainda mudanças evidentes de comportamento e dificuldade de aceitar certas brincadeiras com bom senso e bom humor.

---

12 SÍNDROME de burnout. *In:* **Wikipédia.** Disponível em: https://pt.wikipedia.org/wiki/S%-C3%ADndrome_de_burnout. Acesso em: 1 jun. 2023.

EMPREENDEDOR OU EMPREGADO DE MIM MESMO?

8 Tristeza intensa: marcas de indiferença, desesperança, exaustão. A vida perde o sentido. A pessoa passa a sentir um vazio interior e a sensação de que tudo é complicado, difícil e desgastante.

9 Colapso físico e mental: esse estágio é considerado de emergência, e a ajuda médica e psicológica se tornam uma urgência.

Especialistas da Universidade de São Paulo (USP) apontam que o Brasil está entre os países que mais apresentam pessoas ansiosas (63%) e depressivas (59%),[13] e a síndrome de burnout já atinge cerca de 30% dos mais de 100 milhões de trabalhadores do país, segundo a Associação Nacional de Medicina do Trabalho (Anamt).[14] Não tenho dúvidas de que estamos vivendo uma pandemia silenciosa.

A legislação fala dos trabalhadores, mas como ficam os empreendedores? Afinal, muitos não conseguem se afastar da própria empresa, mesmo com diversos sintomas. Trabalham de doze a catorze horas, de domingo a domingo, telefonemas e mensagens são constantes, não tiram férias. Como resultado, metas não são atingidas, clientes se tornam mais exigentes, funcionários ficam desaminados e familiares se queixam por causa da ausência do parente em um ambiente macro e microeconômico de extrema incerteza. Segundo pesquisa do Gallup,[15] 45% dos empreendedores admitem se sentir estressados e que "se preocupam muito" em comparação a trabalhadores empregados.

O estudo inédito[16] sobre a saúde mental dos empreendedores no Brasil na pandemia constatou também que:

---

13 SAÚDE mental no Brasil: entenda o que é, impactos e como prevenir. **Conexa Saúde**, 30 mai. 2022. Disponível em: https://www.conexasaude.com.br/blog/saude-mental-no-brasil/#:~:text=Especialistas%20da%20USP%20apontam%20que,devido%20%C3%A0%20pandemia%20de%20coronav%C3%ADrus. Acesso em: 1 jun. 2023.

14 FILHO, L. Síndrome de burnout está cada vez mais presente na vida dos brasileiros. **Jornal da USP**, 16 jan. 2020. Disponível em: https://jornal.usp.br/atualidades/sindrome-de-burnout-esta-cada-vez-mais-presente-na-vida-dos-brasileiros/. Acesso em: 1 jun. 2023.

15 WITTERS, D.; AGRAWAL, S.; DAVIS, A. Entrepreneurship comes with stress, but also optimism. **Gallup**, 7 dez. 2012. Disponível em: https://news.gallup.com/poll/159131/entrepreneurship-comes-stress-optimism.aspx. Acesso em: 1 jun. 2023.

16 ARAÚJO, A. Pesquisa da UFMG aponta que empreendedores têm saúde mental afetada por pandemia. **G1**, 7 jun. 2021. Disponível em: https://g1.globo.com/mg/minas-gerais/noticia/2021/06/07/pesquisa-da-ufmg-aponta-que-empreendedores-tem-saude-mental-afetada-por-pandemia.ghtml. Acesso em: 1 jun. 2023.

- 20% apresentaram sintomas médios e severos de sofrimento psicológico;
- 15% iniciaram uso de medicamentos psiquiátricos (ansiolíticos, antidepressivos ou ambos);
- 45% responderam que o ambiente do negócio ficou mais incerto;
- 73% disseram que tiveram queda nos rendimentos financeiros da família, sendo que, destes, 29% faturaram menos da metade do que antes;
- As mulheres tiveram sintomas mais intensos de estresse, ansiedade e depressão, quando comparadas aos homens.

Agora imagina como é possível um empreendedor pensar em fazer seu negócio crescer se ele tem algum desses sintomas, em qualquer estágio. Lembre-se: os dois trabalhos principais do empreendedor são fazer a empresa crescer e empregar pessoas. E, para isso, é preciso ter muita energia e disposição. Não existe um CNPJ forte com um CPF fraco. Perceber isso é o primeiro passo para crescer sem enlouquecer.

Capítulo 2

AS FASES da empresa X PAPEL DO empreendedor

Talvez você esteja pensando coisas como: "Esse cara não tem ideia de como é meu dia a dia!", "Ele não conhece a dinâmica do meu negócio ou segmento!", "Ele só está falando isso porque pode pagar várias pessoas para trabalhar para ele!", "Eu queria ver esse homem aqui tocando a minha vida e o meu negócio ao mesmo tempo!". Entendo perfeitamente. Para quem está no meio de um furacão, pode parecer impossível sair dele. Mas tenha um pouco mais de fé e continue a leitura. Vou mostrar o passo a passo para você deixar de viver como um empreendedor normal e se tornar um empreendedor pleno.

Se você tem filhos, sabe o trabalho que é, mas também sabe que seu papel vai mudando a cada fase. A mesma coisa acontece com o seu nível de energia física e emocional dedicada à criação desse ser que você trouxe ao mundo. Se você não entender essa dinâmica, vai acabar prejudicando o desenvolvimento dos seus filhos e, provavelmente, sua saúde também.

Eu e minha esposa, Michelle, temos duas filhas, Mayara e Milena, uma adulta e outra adolescente, respectivamente. Não tenho pretensão de ser especialista em educação, apenas quero compartilhar alguns acontecimentos pelos quais você talvez tenha passado e as mudanças de papel que percebemos em cada fase.

- **Gestação:** essa fase está cercada de expectativas. Pensamos no nome do bebê, nos planos de mudança física em casa ou mesmo em mudar de casa, no impacto nos irmãos ou se terá irmãos, na divisão de responsabilidades entre os pais, nas regras da educação, na necessidade de rede de apoio, nas condições financeiras etc. Tudo isso pode ser ainda mais intenso se o casal já tiver tido alguma gravidez interrompida. Os pais são ou deveriam ser **planejadores**.

- **Infância:** nessa fase, a criança demanda presença e monitoramento constantes e muita energia. As noites sem dormir nos primeiros meses, a incerteza nas decisões nos momentos críticos (em caso de doenças ou acidentes), a sobrecarga de um dos pais, os primeiros passos e palavras, os bons e maus resultados na escola, a chegada dos amigos, as despedidas dos amigos e muito mais. Os pais são essenciais para a sobrevivência física e emocional dos filhos, eles são **cuidadores**.

- **Adolescência**: nessa fase, os filhos buscam mais autonomia, e os pais reforçam e flexibilizam regras, responsabilidades e limites, e o tempo dedicado diminui. O conflito com as regras, o desejo de ir para mundo, as boas e más influências, o maior uso da tecnologia, as escolhas pessoais, a crise de identidade, os primeiros amores e por aí vai. Os pais passam a atuar como **condutores**.

- **Maturidade**: considero aqui o momento em que os filhos saem de casa e passam a ser completamente responsáveis pelas próprias decisões e respectivas consequências. Ficam os ensinamentos tanto pelos acertos quanto pelos erros e as memórias boas ou más, a depender de como essa jornada foi construída. O tempo dedicado pode chegar próximo de zero, e a convivência acontece em momentos específicos. Os pais passam a ter o papel de **conselheiros** ou **apoiadores**.

AS FASES DA EMPRESA X PAPEL DO EMPREENDEDOR

Agora olhe ao seu redor e avalie como os pais têm realizado os seus papéis nessas fases do desenvolvimento dos filhos. O que tenho visto são adolescentes cujos pais fazem tudo para eles e os tratam como crianças, ou adultos vivendo na casa dos pais e ainda se queixando do que é oferecido. Esse fenômeno é tão frequente que se criou o termo "adultescente", com várias justificativas para filhos em idade de construir a própria jornada permanecerem na casa dos pais. Quando isso acontece, eles não amadurecem e consomem muito mais energia dos pais do que o necessário. Na maioria das vezes, os pais se sentem mal por essa situação de dependência dos filhos que eles mesmos ajudaram a criar.

Mas o que isso tem a ver com as fases da empresa e o papel do empreendedor? Sugiro que você volte aos trechos anteriores e troque as palavras "criança" e "filhos" por "negócio" e "pais" por "empreendedor" ou "sócios". Vai ficar mais claro.

O que acontece é que muitos empreendedores não entendem seu papel em cada fase da empresa e não permitem que ela amadureça, consumindo muito tempo e presença e, no final, ainda se sentem mal com os resultados que alcançam e com a dependência que a empresa tem deles. Será que isso está acontecendo com você?

Se você acredita que seja o caso, analise com calma a lista de problemas nas quatro fases das empresas[17] apresentadas por Fernando Garcia e veja se é o que está acontecendo na sua.

1. Gestação (antes do início do negócio)[18]:
   - expectativa de já fazer retiradas para arcar com despesas pessoais;
   - definição de pró-labore baseado na necessidade familiar e não no salário que pagaria a outra pessoa;
   - excesso de otimismo com os resultados iniciais;
   - falta de atenção ao planejamento do negócio;
   - captação de recursos de terceiros sem prototipação e validação da oportunidade;

---

17 NUNES, F. Sucesso na carreira: identifique o estágio em que sua empresa está. **InfoMoney**. 17 jan. 2008. Disponível em: https://www.infomoney.com.br/carreira/sucesso-na-carreira-identifique-o-estagio-em-que-sua-empresa-esta/. Acesso em: 11 jul. 2023.

18 OSORIO, L.; GARCIA, L. **Mente, gestão e resultados**. São Paulo: Gente, 2013.

- falta de clareza das competências empreendedoras para o sucesso do negócio.

Segundo pesquisas do SEBRAE, negócios tendem a fechar no primeiro ano devido a: falta de planejamento prévio, gestão empresarial e competências empreendedoras.[19] Se você ainda não abriu o seu negócio, tem a chance de fazer diferente.

2 Infância (duração esperada de zero a 3 anos):
- quase não há diretrizes claras e os processos não são sistematizados;
- com tantos "incêndios" para apagar no dia a dia, não sobra tempo para o planejamento de longo prazo;
- alta vulnerabilidade: um pequeno problema mal resolvido pode gerar uma crise grave;
- cansaço físico pelo excesso de trabalho e certo desânimo diante da sensação de que tudo na vida se resume ao trabalho;
- cobrança de familiares e amigos em função da dedicação excessiva ao trabalho;
- o empreendedor atua como verdadeiro um showman, resolvendo um problema atrás do outro, e ficando sem tempo para mais nada.

Nessa fase, o volume de trabalho é intenso, e você precisa ter muita energia gerada pelo corpo, pela mente e pelo espírito. Principalmente para captar clientes e validar a viabilidade financeira do negócio e, ao mesmo tempo, contratar pessoas-chave com quem dividir as responsabilidades e construir uma rotina inteligente na vida e no negócio.

3 Adolescência (duração esperada de 3 a 5 anos):
- síndrome do "nós contra eles": funcionários com mais tempo de casa resistem à chegada de novos funcionários;
- plano de metas e orçamentos inconsistentes, com grandes variações entre o planejado e o realizado, quando existem;
- falta de padrão em termos de remuneração e recompensa: às vezes, a empresa distribui prêmios; às vezes, não;

---

19 SOBREVIVÊNCIA e mortalidade de empresas. **Sebrae**. Disponível em: https://www.sebrae.com.br/Sebrae/Portal%20Sebrae/UFs/SP/Pesquisas/CAUSA%20MORTIS_vf.pdf. Acesso em: 11 jul. 2023.

- centralização excessiva no empreendedor: tudo continua dependendo dele;
- contratações predominantemente por confiança e não por competência;
- reuniões que consomem muito tempo e não são produtivas.

A empresa precisa começar a andar sozinha, por isso aumenta a necessidade de delegar tarefas e responsabilidades, de planejar, de desenvolver regras e procedimentos para ajudar na gestão e a empresa depender menos de você. O objetivo é que funcionários façam o negócio andar e você o faça crescer. Lembre-se dos seus dois trabalhos principais: empregar pessoas e fazer o negócio crescer.

4 Maturidade (duração indefinida):
- permite que a empresa (ou determinada área) caia na rotina, repetindo fórmulas prontas e supervalorizando as conquistas do passado;
- funcionários antigos demonstram que já acompanham o ritmo e quase não contribuem para a inovação da empresa;
- a empresa fica grande demais para que apenas o líder tenha controle de tudo;
- o ambiente se torna excessivamente formal, a começar pela maneira de se vestir, e os gestores deixam de ser tão acessíveis;
- há conflitos, fofocas, "facadas pelas costas" e disputas internas.

Você construiu uma liderança que entende o lugar a que se deve chegar, e precisa instigá-la com metas ousadas e inovação, aconselhar nas decisões mais difíceis e apoiar a construção de uma cultura que faça a empresa crescer. A empresa anda com as próprias pernas, e você está por perto caso ela precise.

A situação atual dos empreendedores nas PME

Entender fases da vida da empresa e suas características deve ter permitido a você identificar se sua empresa está amadurecendo no ritmo certo ou se está reagindo como um filho malcriado. E como será que está a situação dos empreendedores no Brasil em suas mais diversas fases da "educação" dos seus filhos, ou melhor de suas empresas?

Entre janeiro e abril de 2023, conduzi uma pesquisa com 88 empreendedores de diversas empresas de sociedades empresárias limitadas (LTDA) e segmentos e em diversas fases no Brasil. Estes são alguns dos dados coletados:

MÉDIA DE COLABORADORES	11
IDADE MÉDIA DOS EMPRESÁRIOS	44
TEMPO NA EMPRESA (ANOS)	8,5
TEMPO EMPREENDENDO (ANOS)	12
HORAS DE TRABALHO/SEMANA	45
PARTICIPANTES DO SEMINÁRIO EMPRETEC	58%
REPRESENTANTES DA ÁREA DE COMÉRCIO/SERVIÇOS	56,6%

A pesquisa teve como objetivo entender quais fatores impediam os empresários de fazer o negócio crescer e os impactos que esses fatores tinham na vida pessoal deles. Os principais resultados estão abaixo e foram aferidos em questões de múltipla escolha ("pouco", "nem muito nem pouco" e "muito") relacionando determinadas afirmações com a realidade do empreendedor.

O EXCESSO DE VOLUME DE TRABALHO CONCENTRADO NO EMPREENDEDOR GERA RESULTADOS ABAIXO DO ESPERADO NA VIDA PESSOAL E/OU NOS NEGÓCIOS	75,30%
NÃO TIRO FÉRIAS NA QUANTIDADE QUE DESEJO E, QUANDO TIRO, NÃO CONSIGO DESCONECTAR	40,58%
SINTO FALTA DE METAS DE CRESCIMENTO NA VIDA PESSOAL E NOS NEGÓCIOS	36,23%
NÃO CONSIGO SAIR DO OPERACIONAL E VIVO APAGANDO INCÊNDIOS	34,80%
FALTA TEMPO PARA ATIVIDADES FÍSICAS, SOCIAIS E ESPIRITUAIS	33,33%

Observe que os principais obstáculos ao crescimento estão relacionados a expectativas frustradas sobre liberdade de tempo, volume de trabalho e falta de clareza sobre o crescimento.

RESOLUÇÃO URGENTE E MUITO URGENTE	65,10%
NÃO QUANTIFICOU A PERDA	81,20%

Também se percebe que, apesar do desejo de resolver os problemas com urgência ou muito urgência, a maioria esmagadora dos empreendedores não tem ideia do "preço" que está pagando por se manter no padrão dos empreendedores "normais".

NADA	14,7%
CURSO	10,2%
SAÚDE DE CORPO, MENTE E ESPÍRITO	7,9%
PARCERIAS/CONSULTORIA	6,8%
ORGANIZAÇÃO E PLANEJAMENTO	5,6%
LIDERANÇA/EQUIPE	5,6%
OPORTUNIDADES	2,2%
OUTROS	2,2%

Uma parte significativa dos entrevistados da pesquisa ainda não fez nada para alterar essa situação. Outros, porém, têm procurado cursos, parcerias e consultorias e buscado reforçar as práticas de ativação do corpo, da mente e do espírito, melhorando a organização, o planejamento e a liderança para ir atrás de novas oportunidades.

ORGANIZAÇÃO		**SAÚDE**		**RECURSOS**	
Planejamento		Emocional (medo)		Humanos	
Tempo	**22,7%**	Física	**15,9%**		**15,9%**
Prioridade		Intelectual (conhecimento)		Financeiros	

Ao mesmo tempo, os principais fatores que impedem aqueles que ainda não agiram para mudar a situação estão fortemente relacionados à organização do empreendedor, saúde emocional/física/intelectual e aquisição de recursos humanos e financeiros necessários ao crescimento do negócio.

A seguir, vamos aprofundar as situações mais comuns identificadas nessa pesquisa e que são grandes obstáculos para crescer sem enlouquecer. Para isso, trarei situações de pessoas reais, por vezes utilizando nomes fictícios.

Não consigo sair do operacional e vivo apagando incêndios

Márcio tem 35 anos, veio de uma família com poucas condições financeiras e rapidamente percebeu que suas habilidades de comunicação o ajudavam a vender. Trabalhou em alguns pequenos negócios e identificou o nicho de propaganda em displays de lojas. Com muita energia e bom relacionamento, expandiu rápido para várias cidades do interior em três estados e montou uma pequena equipe de suporte.

Ele tem muita vontade de crescer e dar melhores condições de vida para a esposa e o filho, mas passa grande parte do tempo na estrada acompanhando clientes e, muitas vezes, se desloca 200, 300 quilômetros para resolver problemas que acredita que só podem ser resolvidos por ele. Tem receio de contratar mais pessoas e afetar o financeiro da empresa. Além do pouco tempo livre, tem tido picos de estresse que afetam seu relacionamento familiar.

Márcio trabalha por dois ou mais funcionários, está desanimado com a situação em casa e fisicamente cansado por estar em tantos lugares para atender os clientes. Não mediu o valor do próprio tempo nem quanto pode crescer se contratar mais pessoas, usar tecnologia para os atendimentos e dedicar mais tempo ao que ele sabe fazer: vender e dar mais atenção à família.

O excesso de volume de trabalho concentrado no empreendedor gera resultados abaixo do esperado na vida pessoal e/ou nos negócios

Esse obstáculo vai além das atividades operacionais e de gerenciamento de crise. Tem a ver com centralização de decisões e com a necessidade de controlar processos e pessoas constantemente.

Elisângela é arquiteta e atuava como autônoma. Com o nascimento da primeira filha, decidiu abrir uma empresa de empreitadas que dependesse menos da sua habilidade técnica para pudesse dedicar mais tempo à educação da criança. O negócio cresceu e passou a ter entre 12 e 30 funcionários distribuídos pelas obras.

Apesar de não executar as atividades técnicas e ter coordenadores de campo, Elisângela está envolvida em todas as etapas: venda, projeto, orçamento, execução, contratação etc., e ainda acompanha em detalhes todas as movimentações financeiras com uma funcionária que está com ela há mais de dez anos. A filha de Elisângela completou 19 anos, e ela sente culpa por não ter acompanhado seu crescimento como imaginava que seria.

Sinto falta de metas de crescimento na vida pessoal e nos negócios

Já treinei mais de 9 mil vendedores, gestores e empreendedores ao longo da minha jornada, e estimo que menos de 8% deles tinham metas que potencializassem o crescimento pessoal e empresarial. Muitos estavam no quadrante do viver para trabalhar/estar perdido e se encontravam em um movimento frenético, só que não escolheram sua direção e muito menos o ponto de chegada. Viviam como canta Zeca Pagodinho: deixavam que a vida os levasse. Mas essa música só gera resultado para o cantor.

Não tiro férias na quantidade que desejo e, quando tiro, não consigo desconectar

Antes do diagnóstico do burnout e sob forte pressão da minha esposa, tiramos vinte dias para viajar pela Europa, celebrando o nosso aniversário de dez anos de casamento, já que quando nos casamos não tínhamos condições nem de pensar nisso. Entrei em pânico com a ideia de passar tanto tempo fora da empresa. Uma semana antes da viagem, eu estava tão tenso que acabei com uma dor forte no pescoço e precisei usar um colar ortopédico para imobilizá-lo.

Preparei a mala faltando menos de quatro horas para a decolagem, saímos como desesperados para o aeroporto. No caminho, foram várias ligações e, quando finalmente chegamos ao embarque, comi uma empadinha que, minutos depois, já dentro do avião e durante o processo de decolagem, disparou um processo alérgico severo que fez o avião voltar. Precisei desembarcar e quase perco a tão desejada viagem de lua de mel.

Nem vou comentar como foram os dias de viagem. Uma troca intensa de SMS (o WhatsApp ainda não existia), e eu não conseguia parar de pensar em como estavam as coisas na empresa. Ao voltar, estava tudo em ordem, as pessoas responsáveis estavam se sentindo mais confiantes, e entendi que minha presença era menos necessária do que eu imaginava para a empresa funcionar. Eu estava tratando o negócio como criança, e ele já podia andar com as próprias pernas.

Falta tempo para atividades físicas, sociais e espirituais

O desejo de liberdade financeira, de tempo e geográfica é um mantra que escuto de muitos empreendedores e é reforçado por vários especialistas, principalmente do marketing digital. Mas a realidade de uma grande maioria é que as pessoas não conseguem dedicar nem meros minutos a uma atividade física, dormem pouco e, muitas vezes, não se alimentam direito, passam um tempo ínfimo com a família, os parentes e os amigos e se afastam das práticas espirituais que já lhes foram importantes em momentos críticos da vida.

Tácio é um educador físico, e sempre trabalhou intensamente como professor e personal trainer. Ele abriu um box de crossfit que passou a ser sua prioridade e que funcionava das cinco da manhã até as dez da noite, de segunda a sábado. Mesmo dentro desse ambiente, ele passou a não se exercitar, e a rotina o afastou dos amigos e da família. Criado numa família católica, parou de frequentar a missa aos domingos e passou a ficar em casa para descansar para a semana seguinte. Tácio não entendeu que o CNPJ forte não existe com o CPF fraco.

Independentemente da maturidade que pode estar tornando sua empresa uma "criança mimada" ou do obstáculo que você esteja enfrentando agora na vida pessoal ou nos negócios, o mais importante é entender a origem desses problemas e reconhecer que eles podem ter sido criados por você, mesmo que de modo inconsciente. Ao compreender isso, você mesmo pode tomar a decisão de mudar essa realidade.

Capítulo 3

MOTIVOS para não crescer SEM ENLOUQUECER

A o longo de vários anos treinando e convivendo com pessoas de todos os perfis, níveis de maturidade e motivações para abrir um negócio, fica muito claro o que leva empreendedores a algumas ou a todas as situações que descrevi até aqui. Agora, vou ajudar você a reconhecer os motivos mais comuns para que isso aconteça e a entender qual caminho seguir para começar a crescer sem enlouquecer.

Motivo 1: você foi preparado para ser um especialista, não um empreendedor

Uma maioria significativa de microempresários individuais (MEI) e pequenos empresários nunca havia pensado em ter um CNPJ quando escolheu sua profissão, principalmente quem tem entre 35 e 40 anos ou mais. Essa geração foi incentivada a buscar empregos públicos ou em grandes empresas que poderiam oferecer uma suposta estabilidade para o futuro – o que de fato aconteceu, porém com poucos. Não era incomum ouvir: "termine sua faculdade e estude para um concurso que vamos ficar tranquilos".

No entanto, grandes empresas se transformaram em várias pequenas empresas terceirizadas, ou fecharam ou foram vendidas, e as leis que regem o funcionalismo público reduziram a estabilidade. Empreender passou a ser incentivado como uma rota de fuga nem sempre desejada. Isso fica claro quando cerca de 48,9% dos empreendedores iniciais abriram um negócio em busca de uma fonte de renda, o terceiro patamar mais elevado da série histórica, como aponta a pesquisa de 2021 da GEM.[20]

Motivo 2: você aprendeu que o dono deveria ser exemplo de competência e execução do trabalho, então não sabe como delegar atividades operacionais e gerir pessoas e processos ao mesmo tempo

Muitos empreendedores levam a mentalidade de funcionário que busca estabilidade para o ambiente de incerteza do empreendedorismo e passam a agir como empregados da própria empresa. Porque, no fim, o que estão buscando é um emprego. Como bons executores operacionais ou especialistas, passam a se comportar como excelentes funcionários, sendo os primeiros a chegar e os últimos a sair, independentemente de em qual fase esteja a empresa. Pensam que ao delegar tarefas podem estar gerando futuros concorrentes e que é melhor fazer do que treinar alguém para fazer. Assim, acabam não dedicando tempo ou energia para formalizar os processos técnicos que vão ajudar a gerir pessoas – que são muito importantes para um crescimento saudável.

Empresas são como filhos. Por maior que seja o amor, é preciso dar espaço para que cresçam e se desenvolvam. Desapegar não é fácil. No mundo dos empreendedores, isso se traduz em dificuldade de abrir mão de tomar todas as decisões e em desconfiança de dar a outras pessoas uma parte da responsabilidade do negócio. Mas delegar é preciso.[21]

---

20 PESQUISA mundial de empreendedorismo divulgada no Projeto Sebrae 50+50. **Sebrae**. Disponível em: https://sebrae.com.br/sites/PortalSebrae/sebrae50mais50/noticias/pesquisa-mundial-de-empreendedorismo-divulgada-no-projeto-sebrae-50mais50. Acesso em: 11 jul. 2023.

21 SE VOCÊ não delegar, a empresa não vai crescer; como compartilhar desafios. **Endeavor**. 27 jun. 2017. Disponível em: https://endeavor.org.br/desenvolvimento-pessoal/como-delegar-tarefas/?gclid=CjOKCQjw8e-gBhDOARIsAJiDsaWzRMJuHLSyViWOMzbXoPWpVildJnON8JJrH5SYZBo2LeQQ4-iXS6waAhBvEALw_wcB. Acesso em: 4 jun. 2023.

Motivo 3: o olho do dono engorda o gado

Mesmo que venha de família de empresários, é possível que você carregue modelos mentais que podem travar o seu crescimento. Admiro histórias como a do grupo Pão de Açúcar, dirigido por muitos anos por Abílio Diniz. A origem foi em uma padaria fundada pelo seu pai português que aceitou a mente inspirada em modelos de crescimento do filho e fez do grupo um dos maiores varejista do Brasil, até ser vendido.

Muitas padarias espalhadas pelo país continuam com "o olho do dono", que até engorda o gado, mas não faz crescer. O negócio não sai do perfil familiar, aquele em que o fundador trabalha na entrega dos produtos; a esposa, no caixa, e os filhos ficam espalhados entre a produção e o atendimento. E assim vai até o fundador não poder mais trabalhar e algum dos filhos assumir o negócio e repetir esse ciclo ou até que o negócio seja vendido ou feche. Empresas que crescem se utilizam de outras ferramentas de controle e gestão que permitem ao dono multiplicar seu tempo e não deixar o negócio dependente da sua presença física.

Motivo 4: tempo demais na execução de atividades operacionais não permite enxergar as oportunidades

É importante deixar claro que não sou contra a participação do dono do negócio na operação, afinal, é ela que faz a empresa funcionar e gera o caixa necessário para a sobrevivência e o crescimento do negócio. O problema está no tempo que essas atividades absorvem.

As maiores oportunidades estão no ambiente externo e no relacionamento com os clientes, que nos mostram problemas que precisam ser resolvidos e necessidades que precisam ser atendidas. Mas como dar atenção a essas sinalizações estando imerso em atividades como comprar, pagar, receber, entregar, repor, atender, contratar e demitir? As oportunidades de crescimento passam e o empreendedor ou não vai enxergar ou não vai ter condições de aproveitar. Afinal, ele está desempenhando o papel de um funcionário, que é fazer a empresa funcionar.

Motivo 5: medo de contratar funcionários e perder renda

Pare um pouco agora e defina quanto vale sua hora de trabalho. Cinquenta reais? Cem, trezentos, quinhentos, mil, cinco mil, mais?

Talvez você trabalhe dez, doze ou catorze horas por dia e muitas das suas tarefas sejam simples e ocupem muito tempo, talvez sejam até atividades das quais você não gosta e que sugam a sua energia. Por que continuar fazendo algo que poderia liberar vinte ou trinta horas por semana se você pode contratar um estagiário por um valor correspondente a poucas horas de trabalho?

Vou facilitar essa conta. Você contrata um estagiário disposto a trabalhar 120 horas mensais por 600 reais, ou seja, 5 reais/hora. A pergunta é: você não acredita que é capaz de gerar essa receita com esse tempo liberado para trabalhar em prospecção e crescimento?

É possível que lhe esteja faltando confiança em si mesmo e nas oportunidades para a sua empresa crescer e você não enlouquecer.

Motivo 6: maus hábitos que reduzem a energia do seu corpo, da sua mente e do seu espírito, necessária para fazer seu negócio crescer

Talvez você torça o nariz para esse último motivo. Você pode pensar: "O que isso tem a ver com o meu negócio?". O fato é que uma pequena ou média empresa demanda muita energia e, consequentemente, saúde do empreendedor. Por isso, vamos nos aprofundar em alguns maus hábitos comuns aos empreendedores normais brasileiros que reduzem a energia para fazer o negócio crescer sem precisar se matar de trabalhar. Esses maus hábitos podem se tornar vícios que, por sua vez, tornam a jornada muitas vezes insuportável.

Você tem o hábito de dedicar várias horas à empresa e está esgotado ou perdido para aprender com mentores, especialistas e consultores que criaram rotinas inteligentes para aplicar suas competências empreendedoras de uma maneira muito mais produtiva

Uma pesquisa do Sebrae-SP[22] mostrou que um empreendedor dedica 9,3 horas por dia ao trabalho; 45% dizem faltar tempo para a empresa, indicando como causa o desafio de construir uma rotina eficiente na vida pessoal e nos negócios.

---

22 JORNAL DE NEGÓCIOS DO SEBRAE SP. Quase metade dos empreendedores reclama de falta de tempo para empresa. **Exame**. 9 jan. 2022. Disponível em: https://exame.com/pme/quase-meta-de-dos-empreendedores-reclama-de-falta-de-tempo-para-empresa/. Acesso em: 1 jun. 2023.

Começando pelo hábito da leitura, de acordo com a pesquisa Retratos da Leitura no Brasil,[23] 52% (ou 100,1 milhões de pessoas) dos brasileiros, dedica-se à leitura, sendo a Bíblia e jornais os mais lidos. Mas 44% da população não lê e 30% nunca comprou um livro na vida. E o pior: o país vem perdendo leitores a cada nova pesquisa.

Apesar do desafio de gerir a rotina e da baixa disposição para aprendizagem, segundo pesquisa publicada pelo Laboratório de Consultoria,[24] órgão ligado à Associação Brasileira de Consultores (ABCO), a expectativa de crescimento das empresas de consultoria para 2021 era de 14%, número bem superior ao de 4,5% do PIB brasileiro. Além disso, uma segunda pesquisa encomendada pelo Google à consultoria Educa Insights,[25] realizada com cerca de 750 pessoas, mostrou que, entre 2020 e 2021, o número de brasileiros que considerava fazer um curso à distância saltou de 40% para 78% dos entrevistados. Em 2017, esse número era de apenas 19%. Isso indica que existe um movimento crescente para fortalecer o **capital intelectual** que é muito importante para o crescimento da empresa, pois é pouco provável que você consiga avançar sem o **desejo** de aprender com os outros e ser o dono da sua rotina.

Você não dedica atenção a ingerir os nutrientes que ativam seu corpo, a dormir o número de horas necessárias e a se exercitar regularmente

Isso pode parecer tão básico que não deveria nem ser comentado, mas é muito "normal" deixar esses três elementos em segundo plano. Se você é tutor de um pet, sabe muito bem o que acontece se o animal fica sem comer, dormir e se exercitar. Por que seria diferente com pessoas?

---

23 PAZ, W. No Brasil, 44% da população não lê e 30% nunca comprou um livro, diz Rafael Guimaraens. **Brasil de Fato**, 24 abr. 2022. Disponível em: https://www.brasildefato.com.br/2022/04/24/no-brasil-44-da-populacao-nao-le-e-30-nunca-comprou-um-livro-diz=-rafael-guimaraens#:~:text-BdF%20RS%20%2D%20De%20acordo%20com,e%20jornais%20os%20mais%20lidos. Acesso em: 1 jun. 2023.

24 SEGUNDO pesquisa, mercado de consultoria cresce mais do que a média do mercado. **Folha Vitória**, 31 mar. 2022. Disponível em: https://www.folhavitoria.com.br/geral/noticia/03/2022/segundo-pesquisa-mercado-de-consultoria-cresce-mais-do-que-a-media-do-mercado. Acesso em: 11 jul. 2023.

25 OLIVEIRA, V. Pesquisa do Google mostra brasileiros cada vez mais interessados em cursos online. **Porvir**, 11 ago. 2022. Disponível em: https://porvir.org/pesquisa-google-mostra-que-brasileiros-estao-cada-vez-mais-interessados-em-cursos-online/. Acesso em: 11 jul. 2023.

CRESÇA E LUCRE SEM ENLOUQUECER

Um estudo conduzido pela Covitel em parceria com Universidade de Pelotas mostrou que, antes da pandemia, 38,6% dos brasileiros declaravam fazer mais de 150 minutos de atividade física por semana nos horários de lazer. No primeiro trimestre de 2022, o número caiu para 30,3%. E não é que antes estivéssemos em uma situação boa: já em 2018, a OMS colocava o Brasil como o quinto país mais sedentário do mundo, e o primeiro na América Latina, com 46% da população sedentária.[26]

Esse resultado pode ser reforçado pela média de horas semanais dedicadas à atividade física. A mundial é de 6,1 horas, enquanto a do Brasil não passa de 3 horas semanais. A justificativa é a **falta de tempo e de dinheiro**. E, junto a isso, uma alimentação rica em carboidratos e gordura e sem frutas e verduras. Esse é o prato dos brasileiros.

Os dados da má alimentação foram apontados pelo último levantamento do IBGE.[27] O reflexo é visível. O número de brasileiros obesos aumentou 72% nos últimos 13 anos.[28] Esse é o resultado da adoção de hábitos alimentares inadequados, que colocam mais de 76% da população em sobrepeso ou obesidade[29] e são associados a diversas doenças físicas e emocionais.

Outra pesquisa relevante, da Acorda, Brasil!, realizada com mais de 2 mil brasileiros, observou como está o sono da população:[30]

---

26 NÓR, B. Sedentarismo cresce e passa a ser preocupação das empresas. **Você RH**, 21 set. 2022. Disponível em: https://vocerh.abril.com.br/futurodotrabalho/sedentarismo-cresce-e-preocupa--empresas/. Acesso em: 1 jun. 2023.

27 SHIAVON, F. Brasileiro sente piora na saúde mental, mas não faz terapia. **Veja**, 21 dez. 2021. Disponível em: https://saude.abril.com.br/mente-saudavel/brasileiro-sente-piora-na-saude-mental--mas-nao-faz-terapia/. Acesso em: 4 jun. 2023.

28 BRASIL É o país mais sedentário da América Latina. **Jornal de Araraquara**, 11 mar. 2023. Disponível em: https://jornaldeararaquara.com.br/brasil-=-e-o-pais-mais-sedentario-da-america-latina/#:~:text-A%20justificativa%20%C3%A9%20a%20falta,infantil%2C%20as%20proje%C3%A7%C3%B5es%20 tamb%C3%A9m%20preocupam. Acesso em: 1 jun. 2023.

29 OBESIDADE atinge mais de 6,7 milhões de pessoas no Brasil em 2022. **SBCBM**, 3 mar. 2023. Disponível em: https://www.sbcbm.org.br/obesidade-atinge-mais-de-67-milhoes-de-pessoas-no-bra-sil-em-2022/#:~:text=mais%20de...-,Obesidade%20atinge%20mais%20de%206%2C7%20milh%-C3%B5es,pessoas%20no%20Brasil.%20em%202022&text=Dados%20do%20Minist%C3%A9rio%20 da%20Sa%C3%BAde,milh%C3%B5es%20de%20pessoas%20no%20Brasil. Acesso em: 1 jun. 2023.

30 PESQUISA inédita: 12 dados reveladores sobre o sono no Basil. **Persono**, 1 fev. 2021. Disponível em: https://persono.com.br/insights/sono-e-ciencia/sono-no-brasil-pesquisa. Acesso em: 1 jun. 2023.

- 62% dos entrevistados dormem mal. Esse número está bastante acima da média mundial, que é de 40%, de acordo com a OMS.
- 68% admitiram que têm um comprometimento da atenção ao acordar. Ou seja, as pessoas acordam, mas têm dificuldade em despertar e começar o dia.
- A mesma quantidade de pessoas, 68%, também sofre para conseguir prestar atenção em quaisquer tipos de atividades nos primeiros minutos do seu dia.
- Este é um hábito destruidor, mas compartilhado por muita gente: **78% dos brasileiros têm o costume de levar o celular para a cama**.

Já segundo pesquisa da Associação Brasileira do Sono (ABS), 73 milhões de brasileiros sofrem de insônia. Em grandes cidades, como São Paulo, em que o ritmo de vida é muito agitado, os índices são bem altos. Dados do Instituto do Sono (EPISONO) revelam que 45% da população paulistana queixa-se de insônia, considerada o **mal do século**, ou de dificuldade para dormir.[31]

Se você está dentro de algumas destas estatísticas, convido-o a refletir sobre o quanto está investindo no seu **capital físico**, que está associado diretamente à sua disposição diária necessária para empreender e ainda tem uma relação íntima com sua saúde emocional.

Você também, sem perceber, pode ter se viciado em reclamar, se irritar, se entristecer, se vitimizar, ofender, criticar, julgar, buscar culpados e em acreditar que todos estão errados e só você está certo

Esses comportamentos indicam imaturidade emocional, o que afeta sua energia e a das pessoas que estão no ambiente da sua empresa. Normalmente, eles se originam de um diálogo interno destrutivo, de relacionamentos familiares disfuncionais e de relações sociais tóxicas.

---

31 MADEIRO, C. Brasileiro se casa mais em 2021, mas pede divórcio como nunca, aponta IBGE. **UOL**, 16 fev. 2023. Disponível em: https://noticias.uol.com.br/colunas/carlos-madeiro/2023/02/16/brasileiro--se-casa-mais-em-2021-mas-pede-divorcio-como-nunca-diz-ibge.htm#:~:text=Tamb%C3%A9m%20no%20ano%20de%202021,queda%20ao%20longo%20dos%20anos. Acesso em: 4 jun. 2023.

Levantamento feito em setembro de 2021 pela SulAmérica em parceria com o Instituto FSB Pesquisa aponta que a saúde mental é, hoje, a principal preocupação da população brasileira. Porém, apenas 10% das mais de mil pessoas ouvidas na enquete tiram proveito da terapia. Ainda existe muito preconceito no Brasil quando se trata da saúde mental.[32]

No livro *Empresários no divã*,[33] Luiz Fernando Garcia apresenta diversas questões que afetam o funcionamento e crescimento da empresa e que têm relação direta e inconsciente com problemas não resolvidos nos relacionamentos das famílias de origem. Um exemplo são os traumas que podem impactar as relações conjugais até chegar ao ponto de um divórcio, o que provoca grande estresse emocional.

Ao longo dos anos, o número de divórcios cresceu em relação ao número de casamentos. "Tínhamos 10 divórcios para cada 30 casamentos, e agora essa média é de 10 a cada 24", explica Klívia Brayner de Oliveira, gerente da Pesquisa de Registro Civil do IBGE.[34]

Há ainda aqueles empreendedores que se habituaram a tirar vantagem de qualquer situação, mesmo que isso prejudique os outros; não param para refletir sobre suas ações e intenções e estão no piloto automático para ganhar dinheiro, mas sem um sentido ou propósito que faça valer a pena crescer o seu negócio

Nessas questões, trago uma perspectiva do **capital espiritual**, que não tem necessariamente relação com alguma crença, mas com uma fonte de energia pessoal com efeitos poderosos na química de sua saúde cerebral.

Recentemente, foi publicado um levantamento divulgado pela agência Bloomberg a respeito do ranking de felicidade.[35] Nele, o Brasil aparece na nona posição entre 63 países, com base nas taxas

---

32 SHIAVON, F. Brasileiro sente piora na saúde mental, mas não faz terapia. **Veja**. Saúde, 21 dez. 2021. Disponível em: https://saude.abril.com.br/mente-saudavel/brasileiro-sente-piora-na-saude--mental-mas-nao-faz-terapia/. Acesso em: 4 jun. 2023.

33 GARCIA, L. F. **Empresários no divã**. São Paulo: Editora Gente, 2012.

34 MADEIRO, C. *op. cit.*

35 LONDRES, A. A falta de propósito adoece. **Metanoia**. 17 fev. 2022. Disponível em: https://www.jornalmetanoia.com.br/noticia/253/a-falta-de-proposito-adoece. Acesso em: 11 jul. 2023.

de desemprego e inflação. No ano passado, uma pesquisa realizada em 21 estados brasileiros pelo consultor de carreiras Fredy Machado, autor de *É possível: se reinventar e integrar a vida pessoal e profissional*,[36] concluiu que cerca de 90% das pessoas estão infelizes no trabalho por diversos motivos. Esse é o número mais alarmante de todas as pesquisas apresentadas até agora, e foram identificados três grandes causadores.

- Em primeiro lugar, vivemos uma era de culto excessivo ao que é material, particularmente no Brasil, e em parcela expressiva de determinadas camadas sociais.
- Em segundo, a tecnologia, independentemente de seus enormes benefícios, pode, se mal utilizada, trazer prejuízos à saúde como um todo. Basta pararmos para refletir sobre o teor do que chega a nós pela televisão e pela internet. As pessoas passam a falar mais das tragédias do que de si mesmas e menos ainda dos sentimentos. Não estou propondo nos isolarmos do mundo, mas essencialmente filtrarmos quando, quanto e ao que queremos ter acesso.
- Em terceiro, e com mais impacto no adoecimento da sociedade, está a falta de um propósito na vida. Pergunte a si mesmo e aos seus entes queridos: qual o seu propósito? Por que você está aqui neste mundo? O que faz sentido para você? Qual o sentido da sua vida? Ao mesmo tempo, percebe-se um movimento de busca de práticas de introspecção, como meditação, oração, silêncio e contemplação. Estudo feito pelo V. Trends, hub de insights da Vivo,[37] mostra que o número de adeptos da meditação cresceu 45% durante a pandemia. Os dados ainda revelam que a meditação se tornou um hábito: 85% praticam toda semana; e 38%, diariamente.

---

36 MACHADO, F. **É possível: se reinventar e integrar vida pessoal e profissional**. São Paulo: Benvirá, 2018.

37 NÚMERO DE adeptos da meditação cresce 45% durante a pandemia. **Jornal Edição do Brasil**, 24 dez. 2021. Disponível em: https://edicaodobrasil.com.br/2021/12/24/numero-de-adeptos-da-meditacao-cresce-45-durante-a-pandemia/. Acesso em: 4 jun. 2023.

Essas novas práticas contemplativas, no entanto, não atenuaram o impacto na queda do percentual de doadores de todos os tipos (dinheiro, bens e trabalho voluntário) entre 2015 e 2020, além da prolongada crise social e econômica enfrentada no Brasil nesse período. Enquanto em 2015 77% da população havia feito algum tipo de doação; em 2020 o percentual ficou em 66%. Quando se trata de doação em dinheiro, a proporção caiu de 52% para 41%. E no caso de doações para organizações/iniciativas socioambientais, a redução foi de 46% para 37%. Qualquer tipo de doação é uma demonstração prática de algo mais do que o simples acúmulo material para empresa e empresário.[38]

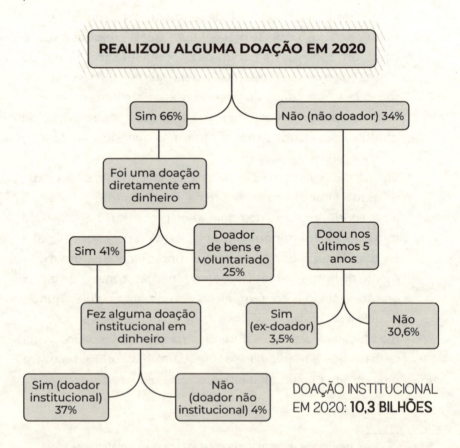

---

[38] IDIS. **Pesquisa doação Brasil 2020**. São Paulo: IDIS - Instituto para o Desenvolvimento do Investimento Social, 2021. Disponível em: https://www.idis.org.br/wp-content/uploads/2021/08/Pesquisa_Doacao_Brasil_2020.pdf. Acesso em: 11 jul. 2023.

O SEU PRIMEIRO TRABALHO COMO EMPREENDEDOR É FAZER A EMPRESA CRESCER EM FATURAMENTO E LUCRO. SE ISSO NÃO ESTÁ ACONTECENDO, VOCÊ NÃO ESTÁ FAZENDO SEU TRABALHO.

empreendedor.pleno

Esses seis motivos e os maus hábitos afetarão diretamente a capacidade de ativar sua **atenção** para as oportunidades, enfraquecerão a sua **vontade** de enfrentar os desafios do crescimento, podem minar sua **disciplina** para realizar a **execução** e ainda afastá-lo da **conexão** com pessoas e do propósito de se tornar um empreendedor pleno.

Se apenas um desses fatores pode causar um estrago grande na sua jornada, imagina se forem vários ao mesmo tempo. Mas chegou a hora de conhecer quem são e como agem os empreendedores plenos.

Capítulo 4

SERÁ QUE SOU mesmo um EMPREENDEDOR?

Talvez você se questione se é mesmo um empreendedor ou não. Ainda mais em momentos em que as coisas não vão bem. Importante entender que, antes da onda empreendedora que vivemos atualmente – motivada pela falta de emprego, pela mudança nas estruturas corporativas e de vínculos de trabalho e pela tecnologia –, foram realizados estudos profundos sobre o comportamento empreendedor ao longo de quase um século, o que ajuda muito a entender quais são as competências que tornam uma pessoa bem-sucedida em seus empreendimentos. Trago aqui algumas informações que podem tranquilizar você.

Primeiro, é importante entender que apenas de 3,5% a 5% da população nasce com o chamado DNA empreendedor.[39] No entanto, se só isso fosse determinante, 67% da população adulta brasileira não seria composta de potenciais empreendedores e donos de

---

39 GARCIA, L. F. **O cérebro de alta performance:** como orientar seu cérebro para resultados e aproveitar todo o seu potencial de realização. São Paulo: Editora Gente, 2016.

negócios.[40] Nesse sentido, se você, como parte da grande maioria, não nasceu com predisposição genética para empreender, então, ou aprendeu ou aprenderá a se comportar como empreendedor.

Segundo, empreendedores têm uma característica muito forte o que o psicológico Julian Rotter[41] chamou de lócus de controle interno. Essa característica, que não é exclusiva de empreendedores, faz com que a pessoa assuma a responsabilidade pelo sucesso ou pelo fracasso de suas decisões, ações ou omissões. Em resumo, se deu certo foi responsabilidade dela, se deu errado, também. Importante deixar claro que responsabilidade é algo que se decide assumir e que empodera, o que é bem diferente da culpa, que coloca a pessoa no papel de vítima e a enfraquece.

Por outro lado, existem também aqueles que funcionam transferindo para situações ou terceiros a responsabilidade por sucessos e fracassos, o que diminui a sensação de autonomia e capacidade de realização. Imagine uma situação de chegar com atraso a um compromisso. A pessoa com lócus externo alto falará coisas do tipo "o trânsito estava um inferno", "é impressionante como as pessoas não sabem dirigir", "vim com meu esposo e ele dirige muito devagar", "amanhã é feriado e parece que todo mundo decidiu sair de casa". Já uma pessoa com lócus interno dirá: "acordei tarde e não me dei conta do tempo necessário para chegar", "não cheguei a previsão do tempo e acabei não me preparando para a chuva", "sei que meu esposo anda devagar, mas prefiro que ele dirija porque posso fazer outras coisas".

A mesma característica é levada para a vida empresarial. Aqueles com lócus externo alto reclamam constantemente: do país que não cresce, do governo que cobra altos impostos e não os utiliza bem, dos concorrentes que queimam preço, dos clientes mercenários, de funcionários descomprometidos, de fornecedores despreparados, da família que não apoia.

---

40 MAIS de 93 milhões de brasileiros estão envolvidos com o empreendedorismo. **Sebrae**, 10 maio 2023. Disponível em: agenciasebrae.com.br/modelos-de-negocio/mais-de-93-milhoes-de--brasileiros-estao-envolvidos-com-o-empreendedorismo. Acesso em: 12 jul. 2023.

41 RODRIGUES, D.; PEREIRA, C. A percepção de controle como fonte de bem-estar. **Estudos e Pesquisas em Psicologia**, v. 7, n. 3, p. 181–196, 2007.

Já os que funcionam com lócus interno alto entendem que todos esses pontos existem, mas decidem colocar atenção e energia no que podem controlar: escolher um segmento de mercado que cresce, buscar especialistas que ajudem com uma boa solução tributária, envolver-se com associações que possam fazer algo junto ao governo, criar formas de se diferenciar ou ser mais eficiente em custos, treinar e tratar bem os funcionários para que eles se comprometam, ter fornecedores de qualidade de diversos lugares, entender que a família apoia no que pode, mas a decisão e a responsabilidade do negócio são do empreendedor.

Consegue perceber o impacto que essa característica tem no empoderamento e na energia pessoal para a ação? O lócus interno leva a buscar soluções que estejam sob seu controle e aumentem sua energia. Mas e nas situações de desastres econômicos ou ambientais? No mínimo você poderá controlar a sua reação. O lócus externo faz exatamente o contrário.

Empreendedores de sucesso têm alto grau de lócus interno. Que tal fazer um teste para avaliar como está seu lócus de controle? Lembre-se que mesmo que seu resultado apresente um alto lócus externo, você tomou consciência da situação e pode iniciar o processo para treinar seu cérebro a experimentar o lócus interno na vida pessoal e nos negócios.

O terceiro ponto para saber se você é ou não um empreendedor tem relação com as dez competências do comportamento empreendedor reconhecidas pela ONU, tendo como base décadas de pesquisas com empreendedores de alto impacto em vários lugares no mundo. No Brasil, essa lista foi adaptada pelo SEBRAE, que se tornou a principal referência no mundo com a imersão Empretec, que capacita centenas de milhares de empreendedores e onde tenho a honra de ser um dos treinadores.[42] Agora fique atento a cada uma dessas dez competências e faça uma autoavaliação procurando identificar se você tem pouco, médio ou muito de cada uma delas.

---

[42] AS 10 MAIORES características do empreendedor. **SEBRAE**. 4 mar. 2022. Disponível em: https://www.sebrae.com.br/sites/PortalSebrae/ufs/am/artigos/as-10-maiores-caracteristicas-do--empreendedor.e7d4d2391f45f710VgnVCM100000d701210aRCRD. Acesso em: 4 jun. 2023.

COMPORTAMENTOS EMPREENDEDORES	POUCO	MÉDIO	MUITO
1. BUSCA DE OPORTUNIDADES E INICIATIVA			
2. BUSCA DE INFORMAÇÕES			
3. CORRER RISCOS CALCULADOS			
4. ESTABELECIMENTO DE METAS			
5. PLANEJAMENTO E MONITORAMENTO SISTEMÁTICOS			
6. EXIGÊNCIA DE QUALIDADE E EFICIÊNCIA			
7. PERSUASÃO E REDE DE CONTATOS			
8. PERSISTÊNCIA			
9. COMPROMETIMENTO			
10. INDEPENDÊNCIA E AUTOCONFIANÇA			

Agora você mesmo pode responder como se define. É empreendedor ou não? E lembre-se de que, independentemente da sua resposta, você, como a maioria que não veio com o DNA empreendedor, deverá se esforçar diariamente para desenvolver essas competências. Posso garantir que é totalmente possível, basta decidir e estar disposto a pagar o preço.

Mas seriam essas competências suficientes para **crescer sem enlouquecer**? A minha resposta é um sonoro **não**. Se fossem suficientes, eu não teria tido síndrome de burnout, mesmo fazendo parte dos facilitadores Empretec do SEBRAE/ONU, atuando como consultor e comandando uma startup reconhecida nacionalmente.

Até aqui você pode ter se tornado um bom "empreendedor normal" com bons resultados financeiros. O que falta, então, para se empreendedor pleno? Falta integrar o lócus interno e essas competências empreendedoras aos **quatro capitais dos empreendedores plenos** e seus **doze hábitos ativadores**. A mágica nasce daí.

Antes, porém, vamos entender um pouco mais sobre como o cérebro do empreendedor funciona.

O cérebro empreendedor

A grande sacada de todo esse processo é entender que o cérebro empreendedor tem uma capacidade incrível de resposta e que podemos agir de modo consciente sobre ele. Vamos ver melhor como se dá o funcionamento desse cérebro?

- Ele está dividido em três camadas sobrepostas que se comunicam constantemente, apesar das funções distintas:
  - **Reptiliano** (mais antiga região do cérebro): governa funções básicas como pressão sanguínea e respiração.
  - **Límbico**: regula os processos emocionais e características inerentes à nossa sobrevivência.
  - **Neocórtex**: região mais evoluída, destaca-se pelos mecanismos de julgamento e raciocínio estratégico, quando a humanidade desenvolveu o raciocínio simbólico e formou culturas e pensamento abstrato.
- O cérebro é tão sensível a **estímulos externos** que suas conexões físicas dependem da cultura em que vivemos. O aprendizado cria mudanças físicas que serão únicas para cada indivíduo, pois dependem da relação entre estímulos e experiência.
- Por meio da neuroplasticidade, pode-se entender que experiências vividas, ações e comportamentos modificados alteram as conexões cerebrais.
  - Responsáveis pela reação aos estímulos através do impulso (desviar o carro de uma batida), acionando medo e pânico, emoções perigosas.
  - Representam o centro do comando de nossas reações emocionais, responsáveis pela estrutura "se eu fizer isso, pode acontecer aquilo".
  - O estímulo do medo chega à amigdala com o dobro da velocidade que chega aos lobos frontais, onde a decisão é tomada.
  - Quando conseguimos pensar com clareza, deixamos de sentir medo.
- Há uma variância biopsicossocial em que 50% são "bio" e 50% vêm da criação e da modelagem social. O ambiente altera sua disposição para empreender ou não, assim como aconteceu comigo.

- Empreendedores têm grande dificuldade de autopercepção e não percebem facilmente quando não estão indo bem.
- Empreendedores tem 50% mais chances de ter problemas mentais, duas vezes mais chances de ter depressão, seis vezes mais chances de ter TDAH, dez vezes mais chances de apresentar bipolaridade, e duas vezes mais chances de experimentar pensamentos suicidas e ser internados em um hospital psiquiátrico. O que diz muito sobre como você pode estar se sentindo agora.[43]

Vale refletir também sobre o ambiente de incerteza e percepção de um empreendedor em seu ramo de negócios, principalmente aqui no Brasil. Vários dos circuitos neurológicos do cérebro relacionados a **medo**, **raiva**, **compulsão** e **sobrevivência** são intensamente acionados, descarregando uma quantidade significativa e constante de substâncias químicas, como adrenalina e cortisol, com poder tóxico para nossa saúde física e mental.

Mas, se por um outro lado essa química pode ser tóxica quando há um desequilíbrio, ela pode também ser uma aliada ao proteger e potencializar o equilíbrio químico do cérebro através da liberação de hormônios e neurotransmissores que podem ser estimulados através de algumas práticas. Na tabela a seguir apresento os benefícios e como esses neurotransmissores podem ajudar você.

NEUROTRANSMISSORES	FOCO	PRODUÇÃO	BENEFÍCIOS
SEROTONINA	Prazer/ alegria	Massagem, exercício, alimentação (vitaminas B e C e magnésio), sol, visualização positiva, gratidão, meditação.	Melhora na depressão, na bipolaridade e em casos de enxaqueca; melhor qualidade na relação sexual e melhora nos sintomas da TPM e no sono.

---

43 EMPREENDEDORES têm mais chance de ter doenças como depressão. **O Sul**, 2 maio 2019. Disponível em: https://www.osul.com.br/os-empreendedores-tem-mais-chance-de-ter-doencas-como-depressao/. Acesso em: 12 jul. 2023.

SERÁ QUE SOU MESMO UM EMPREENDEDOR?

NEUROTRANSMISSORES	FOCO	PRODUÇÃO	BENEFÍCIOS
DOPAMINA	Motivação e recompensa	Lista de tarefas, definir objetivos pequenos, exercício, meditação, gratidão.	Melhora na atenção, na memória e no humor.
ENDORFINA	Bem-estar	Exercício físico, sorrir, alimentos, meditação, acupuntura, toque, relação sexual, superar o desejo e os maus hábitos, intenções de melhoria.	Efeito analgésico e melhora na memória e em quadros de depressão e ansiedade.
OCITOCINA	Amor	Contato físico e visual (compassivo), parto, amamentação, abraço, intensidade/duração da relação sexual, massagem, generosidade, atividades contemplativas.	Redução do estresse, de dores e do peso; combate à compulsão e melhora nas relações sociais.

Lembrando que muitos empreendedores vivem em busca do sucesso, mas são infelizes e têm a vida familiar e pessoal arrasada. A ciência ainda não sabe qual é o neurotransmissor mediador da **felicidade**, mas sabe-se que é uma questão de **equilíbrio** e, se qualquer um dos mais de cem neurotransmissores não está regulado, a felicidade não acontece. Serotonina, dopamina, ocitocina e endorfina são considerados por alguns como o quarteto da felicidade. Felicidade e sucesso são a simples combinação correta e equilibrada da nossa química. Incrível, não?

O problema é que muitos empreendedores "normais" buscam essa química em remédios, drogas lícitas ou ilícitas, alimentos desbalanceados ou inadequados e pensam que isso é "normal". Pode ser comum, mas normal é ter saúde física e mental para usar toda a energia empreendedora para construir negócios e relacionamentos prósperos e equilibrados.

A importância dos hábitos para empreender

Há uma frase de Gandhi que diz que nossas crenças se transformam em pensamentos, nossos pensamentos se transformam em palavras; nossas palavras, em ações; e as ações repetidas, em hábitos. E esses hábitos se transformam em valores; e esses valores, em destino. Percorreremos esses elementos ao longo do livro, mas agora é importante conhecermos um pouco mais algumas características dos hábitos, sabendo que existe uma vasta literatura sobre o tema:

- hábitos comandam parte significativa de nossas ações conscientes ou inconscientes;
- hábitos são um conjunto de ações repetidas por diversas vezes que se tornam um padrão, uma programação mental;
- hábitos são o mecanismo que o cérebro utiliza para economizar energia na tomada de decisões e tornam nossos comportamentos automáticos;
- hábitos são construídos através da relação entre quatro elementos: estímulo → desejo → resposta → recompensa;
- hábitos estimulam a produção de neurotransmissores, em especial a dopamina, que é responsável pelos mecanismos de recompensa;
- hábitos se relacionam e se conectam entre si, sejam bons ou ruins;
- hábitos têm relação direta com o tempo que dedicamos ou não aos nossos objetivos.

Existem alguns hábitos que nos afastam dos objetivos, tais como:
- comer qualquer coisa para não ter que pensar em comida e nem perder tempo preparando;
- assistir a séries até tarde;
- acordar em cima da hora;
- chegar ao trabalho e abrir o e-mail;
- conferir as redes sociais e o WhatsApp a todo instante;
- trocar o exercício físico pelo conforto do sofá;
- não conversar com a família na hora do jantar para ficar preso aos pensamentos ou em alguma tela;
- reclamar das pessoas e fofocar;
- consumir pornografia e/ou ter relações extraconjugais;
- ingerir bebida alcoólica regularmente e em exagero.

Agora, calcule o tempo que você pode estar desperdiçando com alguns desses maus hábitos, chamados até de distração ou relaxamento. Acredite: existem formas mais saudáveis para seu cérebro desfrutar dos efeitos dessa lista, além de você começar a perceber que sua falta de tempo ou disposição está mais relacionada aos seus hábitos do que você imagina.

Vamos avançar e entender mais como podemos tirar proveito de hábitos que empreendedores plenos experimentam para crescer sem enlouquecer.

Os quatro capitais e hábitos ativadores de empreendedores plenos

Como já mencionei, em busca do sucesso material, empreendedores "normais" dedicam a vida ao **capital financeiro**, que, até onde pesquisei, cobra um preço alto em alguma área da vida pessoal ou profissional. Muitos ficam sem as pessoas que mais amam ou mesmo sem os negócios a que tanto se dedicaram.

Em contrapartida, pesquisei empreendedores plenos e percebi que eles atuam de modo diferente. Continuam sendo intensos, voltados a resultados e com uma disposição incrível para a realização, a diferença está em como eles fazem isso em sua prática e em seus hábitos regulares. Essas práticas podem ou não ser conscientes e, por vezes, são omitidas para não gerar julgamento. Em comum, todas elas produzem uma química poderosa que protege e aciona os melhores recursos do cérebro de um empreendedor pleno que atua em alta performance.

Para você saber como acionar os recursos químicos positivos do seu cérebro, especificamente o córtex pré-frontal (CPF), é importante entender os quatro capitais dos empreendedores plenos – **físico**, **intelectual**, **emocional** e **espiritual** – e seus hábitos ativadores. Curioso é perceber que até o cérebro está dizendo para cuidar do CPF (cortex pré-frontal).

Você experimentará essa jornada em quatro etapas de crescimento do negócio e com ferramentas integradas a quatro capitais e doze hábitos, que vão te preparar para crescer sem enlouquecer. Observe a imagem a seguir.

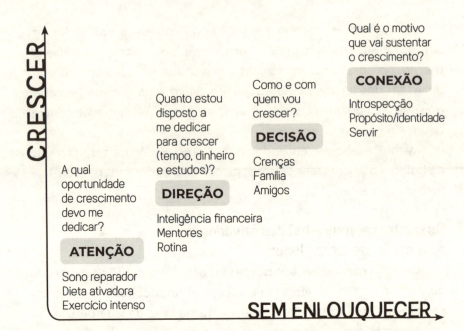

Na Etapa 1, você vai precisar fortalecer a **ATENÇÃO**, já que o desafio é **selecionar a oportunidade de crescimento a que vai se dedicar** de imediato para poder crescer. Em meio a tantos estímulos do ambiente, existem muitos empreendedores que veem várias oportunidades e outros que não conseguem encontrar nenhuma. Nos dois casos, é preciso **ATENÇÃO** concentrada em uma oportunidade, afinal, o **principal trabalho do empreendedor é fazer a empresa crescer**. Lembre-se de que se a sua não está crescendo, você ainda não está fazendo bem o seu trabalho.

Para aumentar a atenção, você vai reconhecer o modelo mental e aplicar ferramentas que fazem as startups crescerem contínua e rapidamente e, em paralelo, reforçar essa atenção através da melhoria de hábitos como exercício físico intenso, sono reparador e dieta ativadora, que geram energia para o crescimento e melhoram a saúde cerebral para a tomada de decisões. Esses hábitos têm efeito positivo na mudança de hábitos ruins que o impedem de crescer na vida pessoal e nos negócios. Isso vai desenvolver sua capacidade de escolha da OPORTUNIDADE.

Na Etapa 2, você vai perceber a importância de expressar sua **vontade através da DIREÇÃO**, e o desafio passa a ser **decidir intencional-**

mente quanto de tempo, dinheiro e conhecimento está disposto a dedicar para explorar essa oportunidade de crescimento. Vejo empreendedores que falam que querem ter mais lucro ou aumentar o faturamento, mas não demonstram com ações dirigidas a metas que demonstre que sua **vontade** é muito maior que o medo de deparar com obstáculos pessoais e empresariais no processo de crescimento. Parece que não estão dispostos a pagar o preço.

A vontade é um músculo que precisa ser exercitado, e também é interna, não tem relação com atender a expectativas alheias nem varia da noite para o dia. É estimulada por hábitos como buscar mentores que reconheçam seu potencial; aplicar a inteligência financeira que vai ajudar na construção da riqueza, que imagino fazer parte do seu sonho empreendedor; e uma rotina inteligente que vai ajudar você a ser amigo do tempo e não inimigo, como vejo acontecer com vários empreendedores. **Importante ter claro que tempo não é dinheiro. Tempo é vida.** Isso é **PLANEJAMENTO**. Afinal, para quem não sabe para onde ir, não importa qual caminho tomar, como diria o gato de *Alice no País das Maravilhas*.[44]

Na Etapa 3, vai ser solicitada muita disciplina na tomada das **DECISÕES**, pois esse é o momento de detalhar os planos e transformá-los em **EXECUÇÃO** para construir uma rota de crescimento, o momento de saber como e com quem vai crescer. E reforço que a prática do planejamento, tanto empresarial quanto de processos, é um dos grandes desafios do empreendedor brasileiro, juntamente com uma queixa comum sobre a falta de qualidade profissional, o que faz muitos empreendedores acumularem atividades operacionais com longas jornadas de trabalho e anos sem férias. Eles se esquecem do segundo trabalho do empreendedor: **dar trabalho aos outros**, e de que os **funcionários fazem a empresa funcionar**. Simples assim. Nenhum melhor que o outros, apenas com papéis diferentes.

A **disciplina** também é um músculo que nos ajuda a fazer o que precisa ser feito mesmo quando a vontade está fraca e é fortalecida pelos hábitos bons experimentados na Etapa 1. Incrível perce-

---

44 CARROLL, L. **Alice: aventuras de Alice no País das Maravilhas & através do espelho**. Rio de Janeiro: Clássicos Zahar, 2013.

ber que a **disciplina** necessária para o planejamento e aplicação dos processos está relacionada a hábitos, como cultivar crenças potencializadoras do crescimento, relacionamentos familiares funcionais e ambientes de aprendizagem, que atuam em um nível do inconsciente que talvez você ainda não tenha percebido.

Chegando à Etapa 4, você já terá sentido os ganhos do crescimento com várias lições da sua própria jornada e entenderá mais o poder da **CONEXÃO**. Nesse momento, é importante reconhecer o objetivo que vai sustentar outras fases de crescimento. Pode ser fazer mais dinheiro, gerar mais empregos, deixar um legado... o mais importante é ter clareza de que a empresa é um veículo de **conexão** entre propósito e serviço à sociedade. Sua empresa pode ser a expressão de sua identidade.

Essa **conexão** pode ser percebida como uma camada espiritual da jornada do empreendedor pleno e ser sentida através de hábitos de introspecção como oração, meditação, contemplação e silêncio, além da visão da empresa como ferramenta de serviço ao próximo, o que nos faz perceber que um negócio pode ser muito mais do que um meio para se ficar rico. O Tio Patinhas não aprendeu isso. Mas agora você está sendo convidado a construir uma jornada diferente, uma jornada na qual você vai ativar seu **corpo**, **mente** e **espírito** para **crescer sem enlouquecer**.

Tudo pode ser resumido na Mandala dos Empreendedores Plenos. Segundo a teoria junguiana,[45] uma mandala representa um círculo mágico que é a representação simbólica da luta pela unidade total do eu. Em sânscrito, **é considerada como um símbolo de cura e espiritualidade**. Ao aplicar a mandala na sua vida e no seu negócio ao mesmo tempo, você estará com a carga máxima de **atenção, vontade, disciplina** e **conexão** para aproveitar a jornada e atingir resultados compatíveis com seu potencial, seus dons e seus talentos na vida pessoal e nos negócios.

O mais incrível nessa jornada é identificar quais empreendedores de alto impacto se apoiam nesses hábitos. Você vai conhecê-los ao longo do livro. Hábitos e comportamentos de empreendedores

---

45 DIBO, M. Mandala: um estudo da obra de C.G. Jung. **Último andar**, n. 15, p. 66–73, 2006. Disponível em: https://revistas.pucsp.br/index.php/ultimoandar/article/view/13184. Acesso em: 12 jul. 2023.

O SEGUNDO TRABALHO É DAR TRABALHO AOS OUTROS. EMPREENDEDOR QUE ESTÁ PRESO NA OPERAÇÃO VIRA FUNCIONÁRIO DA PRÓPRIA EMPRESA.

empreendedor.pleno

que talvez passem despercebidos por você como passavam por mim quando eu não sabia como crescer sem enlouquecer.

Desejo que a Mandala dos Empreendedores Plenos possa ajudar você na transição de ser um empreendedor normal para um empreendedor pleno. Uma jornada que começa com as competências empreendedoras aplicadas às 4 etapas do negócio (OPORTUNIDADE, PLANEJAMENTO, EXECUÇÃO e PESSOAS) e sustentadas pelos pelos hábitos ativadores e os capitais físico, intelectual, emocional e espiritual. Desfrute essa jornada.

MANDALA DOS EMPREENDEDORES PLENOS

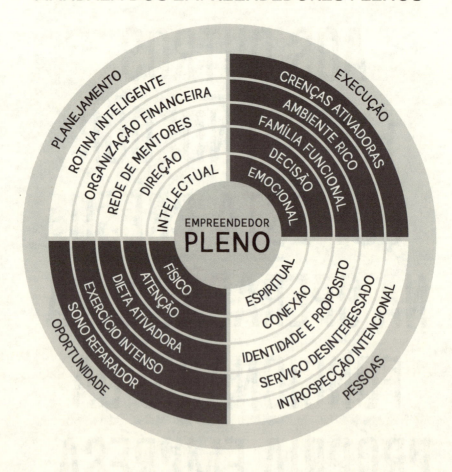

Capítulo 5

COMO ME AFASTAR do operacional e selecionar a OPORTUNIDADE para CRESCER SEM ENLOUQUECER

Para começar, quero reforçar três premissas essenciais para você tirar proveito do programa Crescer sem Enlouquecer e alcançar os resultados que milhares de empreendedores já impactados tiveram.

1. O seu primeiro trabalho como empreendedor é fazer a empresa crescer em faturamento e lucro. Se isso não está acontecendo, você não está fazendo seu trabalho.

2. O segundo trabalho é dar trabalho aos outros. Empreendedor que está preso na operação vira funcionário da própria empresa.

3. O funcionário faz a empresa funcionar, por isso o nome é funcionário.

Pode ser que já aqui surjam pensamentos como: "Mas minha empresa ainda é pequena e depende muito de mim!", "Ele não conhece meu negócio, minha cidade, meus clientes, meus funcionários, isso não funciona na minha realidade!", "Eu mal consigo pagar as minhas contas e as da empresa, como vou contratar alguém?", "Eu não tenho tempo nem para o dia a dia, como vou fazer essa empresa crescer?".

Entendo muito bem. Já pensei assim, e, nos treinamentos e mentorias, vejo empreendedores de todos os tamanhos que começam desse jeito e depois viram a chave. E tudo parte do modelo ou da referência de crescimento que você usa. Lembra que falei que eu não tinha desejo de ter um negócio por conta das falências e conflitos familiares com negócios? Talvez tenha algo assim se passando com você.

Agora quero que pense na sua maior referência de crescimento nos negócios. Será que essa referência tem um crescimento maior que o das startups? Para você ter uma ideia, em startups da aceleradora Cubo Itaú[46] houve um acréscimo de faturamento médio por startup de 72% na comparação entre 2021 e 2022. Para 2023, a projeção é que haja um incremento de 113%, passando de um faturamento médio por startup de R$ 3,1 milhões para R$ 6,6 milhões. Já pensou sua empresa crescer de 72% a 113% ao ano?

Caso você ainda não esteja familiarizado com o tema, segundo Steve Blank e Bob Dorf,[47] uma startup é uma organização que está em busca de um **modelo de negócios** repetível e **escalável** e, para Eric Ries,[48] é um grupo de pessoas buscando construir um negócio **inovador**, trabalhando em condições de extrema **incerteza**.

Durante minha experiência como fundador de uma startup, ficou muito clara a importância de palavras como incerteza, inovação, pessoas, modelo de negócios e escalável. Essas peças são mais essenciais que a própria tecnologia, que surge com um viabilizador. Então, por que não levar alguns desses elementos para o crescimento da sua empresa?

Vamos falar da base do organograma de uma startup que chama a atenção de investidores que investem seu dinheiro na esperan-

---

46 SOUZA, L. Startups do Cubo levantaram cerca de R$ 5 bilhões em 2022. **Startups**. 7 mar. 2023. Disponível em: https://startups.com.br/inovacao/startups-do-cubo-levantaram-cerca-de-r-5-bilhoes-em-2022/. Acesso em: 12 jul. 2023.

47 BLANK, S.; DORF, B. **Startup**: Manual do Empreendedor. Rio de Janeiro: Alta Books, 2018.

48 RIES, E. **A startup enxuta**. São Paulo: Editora Leya, 2012.

ça de um grande retorno futuro. Esses investidores buscam um **time** que seja complementar em três habilidades e funções reconhecidas nas startups de maior crescimento, que, segundo a Abstartups, são:[49]

> 1. O Hipster – CRIATIVO: é quem conecta usuários a seus produtos. Ele usa a criatividade para elaborar uma identidade visual e uma cara para sua startup. Esse profissional é um combo de designer com *product manager* e *user experience*. Fundamental na sua startup.
> 2. O Hacker – TÉCNICO: é quem acha o *como* para as ideias. Ele vai criar soluções em várias linguagens de programação e conseguir tornar a startup algo real.
> 3. O Hustler – VENDEDOR: ele é implacável e não conhece a palavra desistir. É o responsável pelas vendas da sua startup. É o hustler quem desenvolve parcerias, conhece o mercado e consegue trazer o dinheiro para a casa. Ele usa estratégias de marketing e de vendas para captar clientes, *leads* e parceiros para o seu negócio.

Juntos, esses três conseguem fazer uma startup funcionar. No decorrer do tempo, a equipe aumenta, e os cargos vão se tornando mais específicos. Você deixa de ter só um *hustler* e passa a ter uma equipe de *inbound*, uma equipe comercial, e vai superespecializando as funções. Mas, para começar, tudo que você precisa é de um *hipster*, um *hacker* e um *hustler*. Olha como é a estrutura típica das startups que crescem:

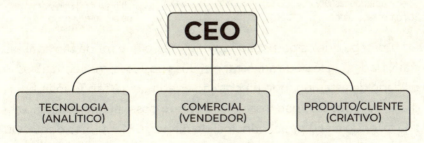

[49] O TIME dos sonhos da sua startup: hipster, hacker e hustler. **Abstartups**. Disponível em: https://abstartups.com.br/hipster-hacker-e-hustler-o-mvp-da-sua-equipe/. Acesso em: 12 jul. 2023.

Você pode estar pensando: "Que interessante, mas eu não tenho uma startup, apenas uma pequena empresa que quer crescer". Vou explicar melhor como esse organograma pode ajudar.

Um dos meus maiores erros foi querer montar uma startup sozinho. Eu tentava atuar nas três posições e, mesmo fazendo contratações, não tinha pessoas-chave ou sócios com os outros perfis de que a startup precisava. E eu fazia o mesmo com os demais negócios. O que foi um agravante significativo para chegar ao burnout anos depois.

Tal como aconteceu comigo, vejo, no campo das startups, empreendedores de todos os tamanhos querendo atuar em todas as posições. Isso não funciona. Imagine um time de futebol em que o atacante vai para o meio de campo e ainda defende. Você acha que esse time vai longe? E como fica a energia desse jogador? Será que ele consegue chegar ao final do campeonato?

Por isso, existe uma estrutura recomendada para a sua empresa crescer e você não enlouquecer que sugere os três perfis que vimos nas startups, mas com atividades específicas de uma empresa convencional que deseja crescer.

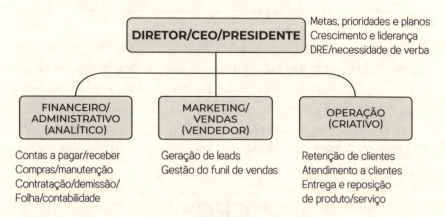

Perceba que os perfis são semelhantes, o que muda são as áreas e atividades. Você pode até estar em duas posições, mas com a possibilidade de estar jogando na posição errada ou gastando mais energia. E, como se isso não fosse o bastante, é possível que você não esteja fazendo o seu papel principal de diretor, CEO ou presidente. Ou seja, sua empresa está sem **comando** e tudo que não tem comando se perde no caminho. Você já assumiu o comando do crescimento da sua empresa ou está atuando como funcionário e lutando todo dia para ela andar?

Se está nessa situação, volte ao capítulo 3 e reveja os motivos que fazem o empreendedor não conseguir crescer sem enlouquecer. Verá que falta de tempo e dinheiro são comuns. Como falei no motivo 3, a falta de dinheiro, principalmente para contratar pessoas, pode ter uma relação direta com a sua falta de autoconfiança ou de clareza em usar seu tempo livre para gerar mais receita e lucro, os quais, por sua vez, vão ajudar a pagar essas pessoas.

Por isso quero ajudar você a entender como liberar tempo rapidamente a partir da matriz complexidade *versus* tempo, que é fruto de vários anos de experimentação. Aplicar essa matriz é o passo mais rápido que você pode dar para ter tempo para o crescimento. Você vai entender melhor o que fazer observando o quadro a seguir.

MATRIZ COMPLEXIDADE X TEMPO

COMPLEXIDADE DA TAREFA	**PROGRAME-SE**	**CONTRATE ESPECIALISTA**
	FAÇA BLOCOS/ DELEGUE	**CONTRATE SEM EXPERIÊNCIA**

TEMPO DEDICADO DO EMPREENDEDOR

Importante esclarecer que a definição de "alto" e "baixo" é individual tanto para a quantidade de tempo que você dedica a uma tarefa quanto para a complexidade, que tem relação com grau de dificuldade ou incerteza.

- **Baixa complexidade e baixo tempo dedicado:** o seu dia a dia é repleto de pequenas tarefas de execução rápida, que aparecem como "gremlins" e levam seu tempo embora: mensagens de texto, e-mails, checagem de tarefas da equipe, reuniões, demandas domésticas, telefonemas. Boa parte delas não tem relação com o crescimento, mas com o funcionamento. Minha recomendação é que você **faça blocos** para executar essas tarefas em um período de tempo pré-definido ou que **delegue**. Por exemplo, verifique os tipos de mensagem que recebe e as transforme em tarefa para um funcionário ou reúna tarefas domésticas e delegue-as para seus filhos. Caso ainda não tenha funcionários, faça os blocos para si mesmo, por enquanto, colocando, por exemplo, as respostas de mensagens em horários pré-estabelecidos. Mas lembre-se sempre de que seu trabalho é dar trabalho a outros.

- **Alta complexidade e baixo tempo dedicado:** Aqui estarão atividades que precisam ser executadas por você e que oferecem alto impacto ou risco para a empresa: definir as metas do trimestre, analisar se deve investir em uma oportunidade, dar feedback à equipe, atender clientes-chave, revisar planos, revisar um contrato. Para isso, você deve se **programar** antecipadamente, buscando o melhor dia, ambiente, pessoas e momento para executar essas atividades. Programar mantém você no comando, e seu cérebro, concentrado.

- **Baixa complexidade e alto tempo dedicado:** Esse grupo de atividades é o que vai fazer você se sentir mais livre. Normalmente, essas são coisas que você não gosta de fazer e sugam sua energia, pois demandam muito tempo de execução. Aqui é importante resgatar os três perfis da estrutura de crescimento para ajudá-lo a coordenar as atividades. Imagine que seu perfil é de vendedor, e você tem que passar longas horas diárias conferindo caixa. Ou o inverso: você tem perfil administrativo-financeiro e precisa dedicar horas agendando visitas. Nesse caso, você deve contratar alguém sem experiência e instruir essa pessoa. Podem ser estagiários ou familiares/indicados, desde que você tenha a prerrogativa de demitir a pessoa caso ela não tenha bom desempenho. E se você pensar que não consegue pagar, lembre-se de que se o salário de vinte ou trinta horas por semana desse funcionário não liberarem você para gerar mais renda, você está confirmando que esse colaborador vale o salário que recebe. Seu tempo precisa gerar mais valor que isso. Senão é melhor trabalhar para alguém, e está tudo bem.

- **Alta complexidade e alto tempo dedicado:** quando o empreendedor está preso no operacional, essas atividades acabam não sendo executadas, porque o tempo delas está direcionado para outras menos decisivas. O problema é que essas atividades normalmente estão relacionadas ao crescimento da empresa: busca de informações para uma oportunidade, revisão de um procedimento, implantação de um sistema ou processo, seleção de uma pessoa-chave (gestor ou sócio), implantação de um novo canal de vendas, abertura de um novo ponto. Muitas vezes, essas atividades concorrem com as de funcionamento, mas são voltadas ao crescimento. Minha recomendação é que você **contrate especialistas**. Isso mesmo, você vai buscar consultores, empresas de seleção e/ou freelancers – existem vários sites hoje com todas as especialidades – e comprar o tempo desses profissionais para fazer o que eles já sabem fazer e, provavelmente, bem melhor que você. Posso garantir que vale a pena. As empresas do meu grupo sempre têm especialistas na estrutura ou contratados por projeto para nos ajudar a crescer.

E depois? Alguns podem ter a sensação de que não terão mais nada para fazer. Mas aí é que vai começar o trabalho. Se aplicar hoje essa matriz, você deve ganhar de imediato entre 50% e 60% do seu tempo para fazer sua empresa crescer. Até o dia em que de 70% a 80% do seu tempo será dedicado a isso. Vale a pena viver esse processo, afinal, você agora sabe como montar uma estrutura de crescimento e sabe como liberar tempo precioso para realizar esse que é o seu verdadeiro trabalho.

E agora que você está entendendo que há razões excelentes para os dois principais trabalhos do empreendedor serem fazer a empresa crescer e empregar pessoas, ao longo dos próximos capítulos vou mostrar os *doze passos do método Crescer Sem Enlouquecer* (CSE).

Passo 1: encontre a oportunidade para começar ou para crescer sem enlouquecer

Você conseguiu liberar tempo operacional e chegou a hora de decidir em qual oportunidade de crescimento concentrar sua **atenção**. Existem dois perfis de empreendedores: os que não percebem as oportunidades e os que não param de perceber. Nesse passo, você vai aprender a identificar e filtrar as oportunidades que valem a pena de acordo com critérios técnicos e pessoais. E, para isso, vou apresentar a você um dos meus alunos, o Luís.

O Luís é um empresário de origem humilde, dono de uma loja de celulares em uma cidade de interior. Mesmo com três funcionárias, realizava muitas atividades que eram de responsabilidade delas, e se sentia cansado e sem vontade de crescer. A loja já gerava o suficiente para pagar a contas da família e bem mais do que ele jamais pensou em ganhar.

Mas, após experimentar o método CSE, Luís convidou uma das funcionárias para ser a gerente operacional e delegou atividades. Como mágica, viu o tempo aparecer, voltou a fazer atividade física, passou a se alimentar melhor e procurou algumas terapias para ajudá-lo com questões familiares geradas por sua ausência. E, assim, passou a sentir mais disposição e vigor para crescer.

A mudança da estrutura e das tarefas gerou um impacto no faturamento que encorajou Luís a implantar uma área de serviços de reparo de celulares que, em oito meses, quadriplicou o faturamento da loja.

A empresa passou a funcionar sem sua presença constante e ele começou um novo negócio. Luís continua no processo de transformação para ser um empreendedor pleno e entendeu que seu trabalho é dar trabalho e fazer a empresa crescer.

O resultado de entender seu papel e gerar energia pessoal é conquistar tempo para identificar uma oportunidade de crescimento. Mas como selecionar essa oportunidade?

É muito comum empreendedores identificarem oportunidades de crescimento, começarem a agir em direção a elas e acabarem interrompendo as ações porque não têm tempo de continuar, já que estão dedicados ao funcionamento da empresa. O que só gera frustração.

Outro ponto importante tem a ver com a quantidade de oportunidades que surgem. O excesso aumenta a dificuldade de escolha. É o que acontece quando você vai ao supermercado e encontra seis opções de um produto que você não conhece. Você pode ficar paralisado tendo não só que decidir, mas, pior, fazer a escolha com base em um único destes critérios: preço, embalagem ou exposição.

O cérebro não está preparado para uma escolha com múltiplos critérios. Então, você pode estar se perguntando: "como é que se inicia o processo de seleção de oportunidades?". Vamos tornar a observar como as startups tomam essa decisão.

Essas empresas definem critérios específicos e depois avaliam comparativamente cada item até ter uma pontuação indicativa. Veja o exemplo a seguir.

ALTERNATIVAS	INVESTIMENTO (R$)	TEMPO DE RETORNO DE INVESTIMENTO (ROI)	HABILIDADE/ EXPERIÊNCIA/ CONHECIMENTOS PRÉVIOS (KNOW-HOW)
Nesta coluna você colocará de 3 a 5 oportunidades de crescimento possíveis que o levarão a alcançar a meta definida	Quanto maior o investimento, mais você se afasta da meta. Ou seja, menor vai ser a nota	Quanto mais tempo para ter retorno do investimento, mais você se afasta da meta. Ou seja, menor vai ser a nota	Quanto maior seu know-how, mais você se aproxima da meta. Ou seja, maior vai ser a nota
Expandir para vendas digitais	5	5	1
Vender novos produtos (pães artesanais)	3	3	3
Abrir nova filial no bairro vizinho	1	1	5
RESULTADO	9	9	9

FACILIDADE NA REALIZAÇÃO	TENDÊNCIA DE MERCADO	PRODUTO	PRIORIDADE
Quanto mais fácil for a realização (colocar em prática), mais você se aproxima da meta. Ou seja, maior vai ser a nota	Quanto maior a tendência de mercado, maior a pontuação	Produto (multiplicação) das notas	A opção de prioridade 1 é tecnicamente sua melhor opção
5	3	375	2
3	5	405	1
1	1	5	3
9	9	785	

Os cinco critérios da tabela (investimento, tempo de retorno, habilidade/experiência, facilidade de realização e tendência) são indicados nos programas CSE, mas você pode alterar qualquer um de acordo com teu processo de decisão. Perceba que as notas 1 (pior), 3 (intermediária) e 5 (melhor) não se repetem em cada coluna e são atribuídas de maneira comparativa. E se você identificar mais de três oportunidades, experimente fazer essa análise várias vezes até ficar com três e depois com apenas com uma. Talvez você sinta uma sensação estranha por não aproveitar uma outra oportunidade, mas pense que as demais entram em uma lista à qual você poderá voltar depois, em momento mais adequado.

Quanto ao resultado final, no exemplo, a opção com maior pontuação e, consequentemente, a que teve melhor avaliação, foi "vender novos produtos (pães artesanais)", mas se sua vontade disser que a melhor oportunidade é outra, tudo bem. Siga em frente, sabendo que a sua escolha não é a melhor tecnicamente.

Pode ser que você tenha chegado aqui e não tenha conseguido encontrar nenhuma oportunidade para listar. É possível que seu "músculo" de buscar oportunidades esteja atrofiado. A recomendação é deixar de procurar oportunidades e buscar problemas a serem resolvidos. Isso quer dizer parar de correr atrás de dinheiro e passar a correr atrás de pessoas. Elas o ajudarão a encontrar problemas e oportunidades.

Para saber mais sobre esse assunto, acesse o QR code e assista a uma aula bônus do Programa CSE. Aproveita essa oportunidade!

Passo 2: encontre as informações que valem a pena

Nosso mundo está inundado de informações inúteis. Saber quais são relevantes e como organizá-las para validar a sua oportunidade vai economizar tempo e energia, algo que, muitas vezes, quando não é bem direcionado, leva à **procrastinação**. Saiba que 20% da população mundial sofre de procrastinação crônica,[50] mas neste livro você

---

[50] SANTI, A. A ciência da procrastinação. **Superinteressante**, 19 out. 2022. Disponível em: https://super.abril.com.br/comportamento/a-ciencia-da-procrastinacao. Acesso em: 13 jul. 2023.

pode experimentar ferramentas e hábitos que vão colocar você no comando de sua vida e de seu tempo.

Para avançar na oportunidade de crescimento, você vai precisar buscar informações que indiquem se vale a pena investir seu tempo e seus recursos naquilo. No entanto, por vezes as informações acessadas são tantas que você simplesmente não consegue utilizá-las, e acaba paralisando depois de fazer tantas análises. Há ainda os empreendedores que agem de maneira precipitada, já começando a transformar a oportunidade em negócio, para só depois perceber que poderiam ter poupado tempo, energia e dinheiro, se tivessem consultado especialistas e ido mais fundo nas informações de clientes, concorrentes, fornecedores.

Pense na última vez que identificou uma oportunidade. Quais informações você buscou? Quanto tempo dedicou? Consultou alguém que já tinha passado pela mesma situação? Algum especialista? Ou você não buscou nenhuma informação e foi direto para a execução?

Ainda usando a experiência das startups, além de montar um time forte e mapear inicialmente a oportunidade a ser explorada, elas buscam informações fundamentais para validar o investimento de tempo e energia. Veja como fazer essa validação utilizando as perguntas certas para cada questão.

- Dor/problema: o que os clientes não querem?
- Solução: o que vamos oferecer?
- Mercado: quem vai comprar?
- Proposta de valor: por que vão preferir comprar conosco?
- Modelo de negócio: como vamos atender e cobrar aos clientes?

Todas essas informações são organizadas em um modelo chamado Business Model Canvas,[51] mais conhecido como Canvas, uma ferramenta de planejamento que permite desenvolver e esboçar modelos de negócio novos ou existentes. Veja a seguir como o Canvas está estruturado.

---

51 GONÇALVES, A. Canvas: como estruturar seu modelo de negócios. **SEBRAE**. 25 set. 2019. Disponível em: https://www.sebraepr.com.br/canvas-como-estruturar-seu-modelo-de-negocios/. Acesso em: 4 jun. 2023.

Parcerias principais	Atividades principais	Proposta de valor	Relacionamento com clientes	Segmentos de clientes
COMO?		**O QUÊ?**		
	Recursos principais		Canais	
			PARA QUEM?	
Estrutura de custos	**QUANTO?**		Fontes de receita	

1. **Proposta de valor** que sua empresa vai oferecer para o mercado e que realmente terá valor para os clientes.
2. **Segmentos de clientes** que serão o foco da sua empresa.
3. Os **canais** que o cliente vai utilizar para comprar e receber seu produto ou serviço.
4. **Relacionamento com clientes**. O modo como sua empresa vai se comportar com cada segmento de cliente.
5. **Atividades-chave** essenciais para que seja possível entregar a proposta de valor.
6. **Recursos principais** necessários para realizar as atividades-chave.
7. **Parcerias principais** para terceirizar a realização das atividades-chave realizadas e adquirir recursos fora da empresa.
8. **Fontes de receita** para obter receita por meio de propostas de valor.
9. A **estrutura de custos** identifica os custos relevantes necessários para que a estrutura proposta de valor possa funcionar.

As ideias representadas nos nove blocos formam a conceitualização do seu negócio, ou seja, o modo como você vai operar e gerar valor ao mercado, definindo seus principais fluxos e processos e permitindo análise e visualização do seu modelo de atuação. Esses blocos servem como um guia das principais informações de que você precisa para avançar ou não em uma oportunidade.

> Para entender melhor como essa dinâmica acontece na prática, acesse o QR code e assista à aula em que apresento um exemplo que você certamente já experimentou.

Importante lembrar que o Canvas é dinâmico, ou seja, muda de acordo com os feedbacks que você coleta quando vai a campo para validar suas escolhas de oportunidades e ações. Você pode explorar seu formato eletrônico, que é disponibilizado pelo SEBRAE.[52]

E aí que está o pulo do gato das startups, que validam suas oportunidades a partir da concretização da venda, mesmo sem ter o produto ou serviço final totalmente pronto para entregar. Para elas, vender significa testar o interesse de compra de uma solução que encontra um problema real que merece ser resolvido.

Mais ou menos igual a quando você decide comprar um analgésico para acabar com uma dor de cabeça, mesmo sem saber o que tem dentro da caixa ou o que está escrito na bula. E você deve estar pensando, mas como vender algo que ainda não existe? Sugiro que antes construa o Canvas da oportunidade que você selecionou, e leia com atenção essa próxima parte.

O capital físico: gere energia rapidamente e ganhe atenção para as oportunidades

O nosso corpo é **onde** há a **experimentação** de energia e vigor para empreender, que são ativados lá pelo cérebro reptiliano. Um corpo fraco provavelmente vai ter mais dificuldade de manter ritmo e intensidade na jornada de crescimento do empreendedor. Um corpo saudável tende a gerar uma química saudável para o cérebro e aumentar a **atenção** para as oportunidades e as informações que são a matéria-prima dos empreendedores.

---

[52] Para saber mais, acesse https://canvas-apps.pr.sebrae.com.br/.

Atletas profissionais de destaque mundial, como Gustavo Borges, Guga Kuerten, Cesar Cielo e outros tiveram sucesso na carreira esportiva e aproveitaram várias lições para fazer sucesso como empresários. Como afirma o ex-nadador e medalhista olímpico Gustavo Borges,[53] que investiu na área de bares e restaurantes, academias e cursos de gestão de academia: "Esporte tem muito a ver com autoconhecimento e planejamento".

Além disso, os hábitos relacionados a alimentação, sono e treino constante, necessários para que os atletas estejam com energia para as competições, acabam sendo levados para a vida de empresário, deixando-os muito mais preparados para o ambiente competitivo e incerto do mundo dos negócios.

Para a professora de administração do Ibmec-SP Miriam Vale,[54] avaliar adversários, planejar melhor as ações, desafiar os limites, superar as derrotas e tomar decisões vencedoras são as cinco lições do mundo esportivo que podem ser transpostas para o ambiente empresarial. E não precisa ser um atleta profissional para que essas lições funcionem para você.

Conheço empreendedores que têm insônia crônica, se alimentam de fast-food ou simplesmente não se alimentam e são sedentários assumidos. Já fui assim. Se você não cuida do seu sono, não tem uma alimentação alinhada às suas necessidades nutricionais e não pratica atividades físicas, os efeitos chegam velozmente e são devastadores para o seu cérebro, por conta da perda de nutrientes necessários para repor a energia. É muito difícil empreender com sensação de sono, confusão mental e falta de concentração.

O professor Mihaly Csikszentmihalyi[55] identificou que nosso sistema nervoso não pode processar mais do que uma certa quantidade de dados por segundo. Quando estamos envolvidos em um

---

53 ROCHA, A. Empresários de alto rendimento: ex-atletas falam das lições que trouxeram do esporte para também vencer nos negócios. **InfoMoney**. 28 jun. 2021. Disponível em: https://www.infomoney.com.br/negocios/empresarios-de-alto-rendimento-ex-atletas-falam-das-licoes-que-trouxeram-do-esporte-para-tambem-vencer-nos-negocios/. Acesso em: 4 jun. 2023.

54 VEROTTI, A. 10 lições do esporte para os negócios. **Isto é Dinheiro**. 7 ago. 2020. Disponível em: https://www.istoedinheiro.com.br/10-licoes-do-esporte-para-os-negocios/. Acesso em: 7 jul. 2023.

55 CSIKSZENTMIHALYI, M. **Flow**: a psicologia do alto desempenho e da felicidade. São Paulo: Editora Objetiva, 2020.

processo, completamente engajados com algo, o cérebro não tem muita capacidade de monitorar como o corpo está se sentindo, se está com fome, cansado, não consegue nem mesmo pensar nos problemas mundanos da casa e nas burocracias.

Essas são respostas ao que Csikszentmihalyi chamou de estado de fluxo ou flow. Assim, a existência é temporariamente suspensa. Ele identificou que atletas de alto rendimento/intensidade e diversos artistas entram nesse fluxo constantemente. Segundo o professor, isso também acontece no mundo dos executivos de alto sucesso.

O gráfico a seguir nos mostra a relação de desafios e habilidades e em que faixa encontramos o fluxo.

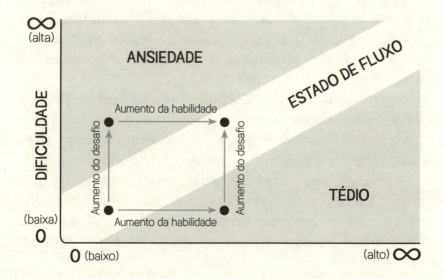

Nas pesquisas de Csikszentmihalyi, entrevistando alpinistas, monges, pastores e uma variedade enorme de pessoas com diferentes gruas de instruções e diversas culturas, existem elementos comuns que indicam o que é estar no **estado de flow**:

1. Estar completamente envolvido no que se está fazendo, com foco e concentração.
2. Sensação de estar em êxtase, fora da realidade do dia a dia.
3. Maior clareza interna, sabendo o que deve ser feito e quão bem faz o que deve ser feito: feedback imediato.

4 Saber que a atividade é possível, que as habilidades são adequadas para a tarefa.

5 Sensação de serenidade, de estar sem preocupações e crescendo além dos limites do ego.

6 Impressão de estar além da dimensão temporal, totalmente focado no momento presente; as horas parecem passar como se fossem minutos.

7 Motivação intrínseca, seja qual for o elemento que produz o flow, é a recompensa.

Na adolescência, eu podia me considerar um atleta. Gostava de todo tipo de esporte, jogava futebol razoavelmente e me destacava no judô: gostava dos treinos, das competições, dos rituais, do exame de faixas... enfim, de tudo. Como comecei a trabalhar aos 17 anos, no mesmo ano do início da faculdade, deixei a atividade física totalmente de lado.

Na sequência, vieram esposa, filhas e trabalho com viagens constantes. Em resumo, aos 44 anos, me dei conta de que havia 27 eu não fazia uma atividade física regular, e que me sentia ofegante ao subir uma escada, o que pode ser "normal" para empreendedores.

Além disso, minha rotina de sono era muito irregular – em torno de cinco a seis horas por noite –, e eu deixava de me alimentar várias vezes. Em alguns domingos, até tentava correr, mas não aguentava mais que dez minutos, e as dores e o cansaço me desanimavam na semana seguinte.

Foi quando conheci a teoria do fluxo e entendi que poderia acionar esse estado através da atividade física de intensidade. Decidi começar a pular corda na primeira semana de maio de 2018. Isso mesmo, pular corda. Estipulei uma meta de 50 repetições em dez minutos e levei uma semana para conseguir.

As dores e dificuldade de andar eram incríveis, mas, ao buscar informações com especialistas, percebi uma relação direta entre o que acontecia comigo na atividade física e as várias situações da minha vida como empreendedor. Coisas como o efeito das distrações, da ansiedade de chegar perto da meta, de monitorar a evolução, de decidir os momentos de acelerar e diminuir, celebrar os ganhos e muito mais.

Dois meses depois, eu tinha ultrapassado 2 mil repetições nos mesmos dez minutos. Os ganhos foram incríveis. Meu vigor e disposição aumentaram, e meus exames mostraram que até minha testosterona tinha aumentado, e em uma idade em que normalmente ela cai. E me deu vontade de fazer algo mais intenso: que tal correr?

Para quem era um crítico ferrenho de pessoas que iam todo dia à academia, comecei a treinar diariamente musculação e corrida na rua. Entendi como ativar o estado de fluxo em diversos momentos e passei a fazer isso. Para extrair mais do corpo, mudei minha alimentação e encontrei uma nova rotina de sono. Estou sempre em preparação para a próxima corrida (distância ou tempo), nem sempre atinjo os resultados que desejo, mas continuo treinando. Assim é nos negócios.

Continuo tendo dores constantes em vários treinos, elas vão mudando de lugar. Descobri que a dor é companheira da jornada de quem busca o alto desempenho, e ela me ensina que algum ajuste deve ser feito. Dor é apenas um sinal, diferentemente de sofrimento, que é manter o esforço no lugar que está dolorido. Isso é falta de percepção do limite.

Atingir uma meta é incrível. Me vi chorando sozinho de alegria ao chegar pela primeira vez aos 10 quilômetros em um treino. Fiquei eufórico quando finalizei 21 quilômetros. Não sentia meu corpo, era como se estivesse flutuando; experimentei em mim o fluxo, ou **flow**, e não tinha relação com dinheiro. Mudei minha identidade de sedentário para maratonista – já foram algumas maratonas. E o melhor é saber que diariamente acordo para produzir uma química boa repleta de serotonina, dopamina e endorfina que me ajudam a sentir a felicidade diária e preparar meu CPF (córtex pré-frontal) para empreender ao começar meu dia. Atingir uma meta é incrível, mas aprender a viver o processo é muito mais. Um corpo forte tem mais chance de construir um CNPJ forte, e um negócio é mais parecido com uma maratona do que com uma corrida curta.

Hoje, tenho clareza da importância da atividade física, que ajuda a perceber de maneira mais nítida e rápida respostas, o que nos demais capitais são mais sutis. A atividade física regular é capaz de aumentar o volume da nossa massa cinzenta.[56]

Três hábitos ativadores do capital físico

Para ter a energia necessária para investir no seu negócio, a maneira mais rápida será a partir da ativação do seu capital físico, e de deixá-lo funcionando a pleno vapor. Você não terá uma boa performance na sua empresa se estiver cansado, fraco e desatento. Lembre-se também de que um negócio cresce a partir da mudança dos comportamentos e hábitos das pessoas que naturalmente resistem a eles, então que tal começar por você, que é a pessoa principal do seu negócio, mudando hábitos que estão totalmente no seu controle? Por isso, mostrarei agora orientações para começar sua mudança de hábitos e gerar energia para esse crescimento.

Exercício intenso

Um hábito ativador poderoso para aumentar sua energia é o exercício físico intenso. Importante destacar o intenso aqui. Comece pela manhã, fazendo um minuto de qualquer exercício (saltar, subir escada, andar em terreno com inclinação, bicicleta acima de 16 km/h, dança aeróbica) que aumente sua frequência cardíaca entre 80% e 90%. Exercícios intensos são três vezes mais eficientes para melhorar o condicionamento do que apenas caminhar e catorze vezes mais eficientes para diminuir o sedentarismo no dia a dia.[57]

Segundo a Organização Mundial da Saúde (OMS)[58], os adultos devem fazer entre 150 e 300 minutos de atividade física moderada – ou entre 75 e 150 minutos de atividade física intensa – por semana. Mas as pessoas que superam esses níveis vivem mais, em comparação com aquelas que não o fazem.

---

56 CORREIA, L. Atividade física regular aumenta o volume de massa cinzenta no cérebro. **CBN**. 21 jul. 2022. Disponível em: https://cbn.globoradio.globo.com/media/audio/381687/atividades-fisicas-regulares-aumentam-o-volume-de-.htm. Acesso em: 13 jul. 2023.

57 AS REVELAÇÕES do maior estudo sobre exercício físico e boa forma já realizado. **BBC News Brasil**. 6 out. 2021. Disponível em: https://www.bbc.com/portuguese/geral-58811111. Acesso em: 4 jun. 2023.

58 HOLCOMBE, M. **Estudo indica quanto exercício você precisa fazer para ter uma vida mais longa**. Disponível em: <https://www.cnnbrasil.com.br/saude/estudo-indica-quanto-exercicio-para-vida-mais-longa/#:~:text=Segundo%20a%20Organiza%C3%A7%C3%A3o%20Mundial%20da>. Acesso em 12 set. 2023.

Você pode pensar que é muito pouco, que não vai fazer diferença alguma. Aí é que está o segredo dos mini-hábitos.[59] Quando definimos um volume muito pequeno para iniciar um novo hábito, o cérebro não reage negativamente e, ao começar, é muito comum que a descarga de dopamina vá fazendo você aumentar o volume naturalmente. Com isso, a liberação de serotonina passa a compensar os efeitos do cortisol, que contribui para a sensação de estresse, além de aumentar diariamente sua autoconfiança e autoestima com efeito direto no capital emocional. Lembra que antes de me tornar maratonista eu queria dar apenas alguns saltos com a corda? E se você se sente cansado, esgotado ou desanimado, quer dizer que precisa ainda mais disso. Movimento gera energia na vida e negócios.

Sono reparador

Já vimos que problemas com sono afetam uma parcela significativa da população e têm efeitos devastadores na atenção e longevidade. Para mudar esse problema, tente criar um ritual de sono para se deitar às dez e meia da noite e dormir entre seis e oito horas. Lembro quantas vezes falei que "dormir era para os fracos" e que "quando eu morresse eu teria muito tempo para descansar". Quase acertei essa previsão. Um sono reparador é resultado de uma série de pequenos hábitos que vão fazer você dormir rápido e acordar disposto para viver e fazer sua empresa crescer.

A atividade física já ajuda muito, porque libera a serotonina que, por sua vez, ajuda na produção da melatonina, o indutor natural do sono, que é regulado pelo ciclo circadiano.[60] Quando você tem restrição de sono, também tende a ficar mais irritado, devido à desregulação do cortisol.

Você pode até passar uma semana sem exercício ou mesmo sem comer, mas se não dormir, seu cérebro colapsa. O sono faz a higiene de nosso cérebro e o prepara para funcionar adequadamente no dia

---

59 GUISE. S. **Mini-hábitos**: como alcançar grandes resultados com o mínimo esforço. São Paulo: Editora Objetiva. 2019.

60 RITMO circadiano: o que é e como funciona. **BBC News Brasil**. 1 jun. 2022. Disponível em: https://www.bbc.com/portuguese/geral-61548390. Acesso em: 4 jun. 2023.

seguinte. Veja algumas recomendações do Ministério da Saúde para ajudar na higiene do cérebro:[61]

- praticar atividade física, mas não antes de ir deitar;
- eliminar luzes e barulhos durante a noite, sempre que possível;
- adotar uma rotina de horários certos para dormir e acordar, com sete a nove horas de repouso;
- se tiver o hábito de dormir de dia, o cochilo não deve ultrapassar 45 minutos;
- evitar ingerir álcool quatro horas antes de dormir e não fumar;
- evitar cafeína por pelo menos seis horas antes de dormir;
- evitar alimentação pesada, apimentada e a ingestão de doces por pelo menos quatro horas antes de dormir;
- evitar o uso de telas (celular, TV e computadores) até duas horas antes de dormir.

E, se você quiser se aprofundar um pouco mais, aproveite para dar uma olhada na "Cartilha do sono".[62] Aprendi na pele que, ao contrário do que parecia, eu estava era comprometendo meu rendimento no dia seguinte, e não aproveitando o tempo, quando esticava o trabalho até tarde da noite. A pergunta que me faço hoje é: "Você quer trabalhar muito ou trabalhar bem?". Você não precisa perder noites de sono para crescer sem enlouquecer.

Dieta ativadora

Imagine que você coloque gasolina adulterada no seu carro. O que acontece com ele depois de algum tempo? Pois é. A nossa dieta, o que colocamos para dentro do organismo, é o combustível principal para produzirmos energia para a vida pessoal e para os negócios!

Cada um de nós tem um padrão metabólico que varia de acordo com a idade – lembre-se que o cérebro consome aproximadamente

---

61 "SONO de qualidade, mente sã, mundo feliz": 19/3 – Dia Mundial do Sono. **Biblioteca Virtual em Saúde**. Disponível em: https://bvsms.saude.gov.br/sono-de-qualidade-mente-sa-mundo-feliz-19-3-dia-mundial-do-sono/. Acesso em: 13 jul. 2023.

62 SEMANA DO SONO. **Cartilha do sono**. Brasil, 2023. Disponível em: https://semanadosono.com.br/wp-content/uploads/2023/02/DIGITAL-cartilha-semana-do-sono-2023-1.pdf. Acesso em: 4 jun. 2023.

20% de nossa energia com funções autônomas e pensamentos, representando apenas 2% a 3% do peso corporal. Mas o intestino é considerado o responsável pela produção de 95% da serotonina do corpo humano. Ou seja, é possível considerá-lo como uma peça-chave para a regulação de nosso humor, felicidade e diversas outras sensações positivas. O intestino também é considerado o nosso segundo cérebro, sendo responsável por funções essenciais para o bem-estar e a qualidade de vida do ser humano.[63] "Você é o que você come", diz o ditado. Uma pesquisa realizada na Grã-Bretanha[64] analisou os hábitos de 200 pessoas. Em 88% dos casos, a mudança na dieta amenizou sintomas de transtornos mentais como ataques de pânico, ansiedade e depressão.

Existe ainda outro fator que estreita a relação entre depressão e alimentação. Segundo Vicent Balanzá, professor de psiquiatria e psicologia médica da Universidade de Valência, as pessoas com transtornos mentais também se encontram em um estado de inflamação sistêmica crônica. Por isso, ele afirma que mudanças na alimentação são necessárias para corrigir a inflamação relacionada às doenças psiquiátricas. Dessa maneira, é possível evitar o desencadeamento da depressão ou mesmo sair da crise utilizando a nutrição como uma das principais aliadas no processo de recuperação.[65]

A melhor opção sempre será buscar um especialista em nutrição, mas, se decidir mudar agora, basta aplicar dois princípios básicos para uma alimentação saudável:

- retirar do cardápio os produtos que causam inflamação e prejudicam o funcionamento mental, como o açúcar, gorduras saturadas ou industrializadas, bebidas adoçadas, carnes (especialmente as vermelhas);

---

63 EXISTE uma relação entre a serotonina e o intestino? **Longevidade Saudável**. 7 jan. 2022. Disponível em: https://longevidadesaudavel.com.br/existe-uma-relacao-entre-a-serotonina-e-o-intestino/#:~:text=O%20intestino%20%C3%A9%20considerado%20o,e%20diversas%20outras%20sensa%C3%A7%C3%B5es%20positivas. Acesso em: 4 jun. 2023.

64 DEPRESSÃO e alimentação: descubra se o seu prato favorece ou prejudica sua saúde mental **Clínica & Spa Vida Natural**. 25 set. 2019. Disponível em: https://www.vidanatural.org.br/depressao-e-alimentacao/. Acesso em: 4 jun. 2023.

65 *Ibidem*.

- basear o cardápio em verduras, legumes, frutas, cereais integrais e fontes naturais de gorduras boas, como coco, abacate e linhaça (e não os óleos derivados desses alimentos).

Após o burnout, fiz várias experiências de mudança alimentar e, com apoio de nutricionistas e suplementação, passei a ter taxas melhores, mais força e energia para crescer sem enlouquecer. Deixo aqui os meus hábitos, mas reforço que a sua dieta é única e muda com o tempo. Não considere meu exemplo como receita para você.

- Evitar inibidores de sono (café, energético, álcool) e suplementar melatonina.
- Evitar ou reduzir o consumo de alimentos inflamatórios (carne vermelha, embutidos, leite, farinha, doces, refrigerante).
- Aumentar treino de força muscular (testosterona).
- Suplementar, com orientação médica, proteínas, magnésio, BCAA e vitaminas D e B12 e outros, a depender da intensidade no trabalho e nos treinos.
- Tomar, em jejum, água + limão + própolis.
- Introduzir dieta anti-inflamatória (consumindo uma vitamina diária com: linhaça, chia, gengibre, mel, whey protein, batata-doce, banana, suco, granola e a parte interna do coco).
- Observar "informações" de fezes, urina e dores em geral.

Agora pergunto: como você pode ter a energia necessária para crescer seu negócio sem comer, dormir e se exercitar adequadamente? Lembre-se de que você, provavelmente, é o centro da sua empresa e, se estiver cansado, fraco, desatento e sem energia para crescer, sua empresa vai padecer. Você deve conhecer empreendedores que dediquem tempo e dinheiro para garantir que seus pets possam comer, dormir e se exercitar para desfrutarem da companhia ativa deles por mais tempo, mas não fazem o mesmo por si. Se acha que não tem tempo para cuidar desses três hábitos, está na hora de você tomar consciência de que é a maior prioridade na sua agenda. Você, todos que fazem parte da sua vida e seu do negócio vão agradecer.

O FUNCIONÁRIO FAZ A EMPRESA FUNCIONAR, POR ISSO O NOME É FUNCIONÁRIO.

@ empreendedor.pleno

Capítulo 6

QUAL PREÇO estou DISPOSTO a pagar para CRESCER SEM ENLOUQUECER?

Agora o objetivo é você definir o quanto está disposto a investir (de tempo, dinheiro e estudo) e escolher a **DIREÇÃO** de crescimento na **OPORTUNIDADE** que você selecionou anteriormente, inciando o processo de **PLANEJAMENTO** – e planejar é só pensar antes de fazer.. Afinal, é natural que todo empresário queira crescer, não? Mas a realidade não é essa. Alguns se precipitam e saltam a etapa de buscar as informações certas, outros estão cansados e sem disposição, e ainda há os que têm medo de crescer.

Lembro-me de Fábio, empresário do ramo de colchões que há algum tempo mantinha o negócio para pagar suas contas pessoais. Apesar de pensar em abrir uma nova loja, tinha medo de não dar conta, pessoal e financeiramente, do crescimento, já que dedicava muitas horas à loja já existente. Após pôr em prática todas as técnicas do capítulo anterior, ele se viu com mais tempo e uma nova loja. Mas o medo de fracassar nessa nova loja persistia, e se somou ao medo de atrapalhar o andamento da primeira loja, que começava a funcionar sem depender tanto dele. Então, com as ferramentas e **hábitos ativadores**, Fábio conseguiu transformar medo em risco, gerenciar

Passo 3: assuma o risco que você suporta

Warren Buffet, bilionário ainda ativo com seus mais de 90 anos, afirma que arriscado é trabalhar por quarenta anos para outra pessoa e depois viver da previdência social.[66]

Começar, reestruturar ou expandir um negócio requer assumir o risco que seja suportável ao seu perfil e momento de vida. Aspectos técnicos e financeiros são muito explorados nas análises tradicionais, mas cada um tem a própria reação física e emocional ao enfrentamento do medo.

O medo tem uma função importante em nossa sobrevivência como espécie, e uma relação direta com o cérebro límbico, que regula os comportamentos de fuga ou luta presentes em todo o reino animal. Quando o medo é acionado, cargas extras de cortisol e adrenalina são disparadas para aumentar nosso estado de alerta para lutar ou fugir, o que é muito útil quando se está sob o ataque de um predador.

Acontece que muitos empreendedores em ambiente de incerteza e competição veem predadores por todos os lados (concorrentes, governo, funcionários, clientes, fornecedores), e permanecem em um estado constante de alerta, liberando cortisol e adrenalina, muitas vezes por conta de medos imaginários.

Um estudo realizado por cientistas da Pennsylvania State University, nos Estados Unidos, comprovou que a quase totalidade das nossas preocupações mais recorrentes não se concretiza. Em suma, nossos medos mais frequentes não se tornam realidade em 91% dos casos, e não mereciam ocupar nossa atenção desde o princípio.[67]

O problema é que essa descarga constante de adrenalina e cortisol reduz nossa imunidade e nos deixam mais vulneráveis a doenças, reduz nossa energia e ainda bloqueia o acesso ao neocórtex, que

---

66 ROWE, D. These 3 restaurant franchises thrived during the pandemic. here's what to learn from their successes. **Entrepreneur.** 4 jan. 2022. Disponível em: https://www.entrepreneur.com/franchises/these-3-restaurant-franchises-thrived-during-the-pandemic/402534. Acesso em: 14 jul. 2023.

67 VEROTTI, A. op. cit.

é o responsável pelas decisões. Uma das causas mais frequentes para esse bloqueio, senão a principal, na tomada de decisões é uma emoção: o medo de decidir. Podemos nos sentir bloqueados, por exemplo, diante da dúvida de escolher uma oportunidade, decidir um novo local, contratar ou demitir um funcionário, comprar à vista ou a prazo, fechar ou não uma parceria de negócio.

O segredo para driblar o medo imaginário, é transformá-lo em risco e agir para que ele se torne menor do que você o percebe. Aí você estará preparado para lidar com esse medo como um desafio. E tenho certeza de que você já superou diversos desafios e obteve várias conquistas até aqui. Existem muitas técnicas para isso, mas vou te mostrar a mais simples e prática que uso e ensino nos programas CSE: a lista de prós e contras.

Assim como seu cérebro não consegue selecionar uma oportunidade em função dos vários critérios possíveis, uma decisão envolve vários pontos positivos e negativos. Por ter uma carga emocional relacionada, alguns desses pontos têm um peso grande, e acabam abafando outros.

Você viu o caso do Fábio, cujo medo de aumentar a carga de trabalho era tão grande que abafava a possibilidade de ele ter maior receita, de poder contratar pessoas melhores para ajudá-lo e ter mais tempo para ele e a família. Fique com esse exemplo em mente e use a tabela a seguir para montar a lista de prós e contras que vão transformar seu medo em risco.

OPORTUNIDADE SELECIONADA

TIPOS DE RISCOS	PRÓS	CONTRAS	AÇÕES PARA REDUZIR RISCOS/CONTRAS
Classifique os pontos positivos e negativos de acordo com as colunas abaixo. Sendo **HARD** as competências técnicas e as habilidades que podem ser ensinadas ou aprendidas, e **SOFT** as competências que têm a ver com personalidade e comportamento, aptidões mentais, emocionais e sociais.	Quais os pontos positivos para trabalhar a alternativa escolhida que ajudarão você a alcançar a sua meta?	Quais os pontos negativos para não trabalhar a alternativa escolhida?	Reescreva os pontos negativos, transformando-os em ações positivas.

QUAL PREÇO ESTOU DISPOSTO A PAGAR PARA CRESCER SEM ENLOUQUECER?

TIPOS DE RISCOS	PRÓS	CONTRAS	AÇÕES PARA REDUZIR RISCOS/CONTRAS
HARD Financeiro (fluxo e investimento). Operacional (vendas, produto, fornecedor, cliente e time). Externo (legal, fiscal, concorrente e comunidade).			
SOFT Reputação. Relacionamentos. Tempo. Equilíbrio. Autoconhecimento.			

Após preencher a lista de prós e contras usando as informações que você levantou e validou através do Canvas, recomendo que busque alguém de perfil oposto ao seu para sugerir outros prós e contras. Seu estado de otimismo ou pessimismo pode interferir na lista, e outra pessoa pode equilibrá-la.

Conte os prós e os contras para aproveitar aquela oportunidade, observando os riscos *hard* (relacionados ao negócio) e *soft* (relacionados a você) levantados e identifique qual tipo de risco está mais alto. Isso já o ajudará a perceber algo que sem a lista você não notaria. Se quiser potencializá-la, pode atribuir um peso relacionado à probabilidade de acontecer: 1 (baixa probabilidade), 2 (média probabilidade) e 3 (alta probabilidade). Então some novamente, pode ser que o resultado seja diferente do anterior.

Mesmo que a lista de contras seja maior e você veja um monstro na sua frente, complete a coluna "ações para reduzir riscos/contras". Nela, você vai pensar no que pode ser feito para minimizar ou eliminar cada um dos riscos ou contras. Ao finalizar essa etapa, leia, releia e sinta – isso mesmo, **sinta** – se o medo associado ao risco ainda é maior que os ganhos dos prós + ações de redução de risco. Se não for mais, siga em frente, vamos turbinar essa oportunidade.

> Se o medo ainda estiver mais forte, você ainda poderá usar uma outra técnica e refazer a lista de prós e contras acessando o QR code a seguir.

Se mesmo assim o medo ainda estiver muito forte, pare. Respeite seu momento e busque uma nova oportunidade. Todos temos um limite. Só assuma o risco que você suporta.

Passo 4: construa a meta nascida de seu desejo ardente

Vários bons empreendedores vivem para atingir as metas dos outros: sócios, fornecedores, funcionários, familiares. Mas lembre-se de que você é o protagonista e não o coadjuvante. Encontrar o alvo que nasce de seu desejo ardente é um dos maiores diferenciais dos empreendedores que têm sucesso tanto na vida quanto nos negócios. Você agora está trabalhando para atingir sua meta ou a dos outros?

Segundo levantamento realizado pela Sociedade Latino-Americana de Coaching (SLAC® Coaching) menos de 8% dos brasileiros conseguem cumprir as metas estabelecidas em sua totalidade.[68] Após vários treinamentos para empreendedores, constatei que menos de 10% deles tinham uma meta forte o suficiente para superar os medos e obstáculos do caminho e conduzir a ação. Essa meta seria uma SMART.

> Para saber mais sobre metas SMART acesse o QR code e assista à minha aula gravada.

Uma meta SMART não é simplesmente um texto tecnicamente bem construído, ela começa a se desenhar a partir da visualização que ajuda a organizar o córtex pré-frontal para suas ações executivas, tais como planejamento e monitoramento de metas. Manter o foco é o segredo para alcançar os objetivos e ter sucesso.

Visualizar a situação que deseja realizar com êxito é orientar a sua mente para o lugar a que você deseja chegar. É ter e manter

---

[68] Menos de 8% dos brasileiros cumprem as metas de final de ano. **Melhor RH**. 14 dez. 2018. Disponível em: https://melhorrh.com.br/menos-de-8-dos-brasileiros-cumprem-as-metas-de-final-de-ano/. Acesso em: 14 jul. 2023.

a cena da conquista já construída em sua cabeça. É dessa maneira que vamos acostumando o cérebro a agir de acordo com as circunstâncias para ficar mais perto da conquista de um determinado objetivo. "Limpar a confusão mental das tarefas que temos de cumprir faz com que sejam estruturados caminhos neurológicos para melhor resolvê-las", afirma Luiz Fernando Garcia.[69]

Metas poderosas integram o cérebro límbico ao neocórtex e, quando são visualizadas, criam uma sensação de realização antecipada que libera a dopamina que vai motivar você a alcançá-la. Para tornar sua meta SMART ainda mais poderosa, comece selecionando um verbo de **ação** que permita a execução e que gere os resultados de sua conclusão (aumentar, vender, lucrar, faturar, investir, expandir, alcançar, contratar, construir). Observe os detalhes na construção de cada elemento SMART.

(S) Específico: detalhe aquilo que deseja alcançar. Exemplo: "vender produtos" é diferente de "vender produto X na região sul da cidade". A segunda é melhor, mais específica.

(M) Mensurável: identifique o intervalo de valores numéricos a serem alcançados. Evite usar porcentagens. Exemplo: Vender entre 80 e 100 unidades do produto X na região sul da cidade.

(A) Alcançável: relacione motivos que o fazem acreditar que conseguirá atingir os itens anteriores. Exemplo: ano passado fiz 60 unidades, e esse ano aumentei a produção.

(R) Relevância: identifique **por que** isso é tão importante. A relevância geralmente está relacionada à **necessidade**, à **oportunidade** ou ao **propósito**.

(T) Tempo final: intervalo de tempo que vai ajudar seu cérebro a mobilizar a possibilidade de alcance. Exemplo: entre 20 de julho de 20XX e 30 de julho de 20XX.

Ao final, o texto que deve ser escrito vai incluir: **verbo forte, objetivo específico** e **mensurável** e o **prazo final**.

O melhor é que essas mesmas dicas podem ser utilizadas para o seu negócio ou para a sua vida. Observe o exemplo a seguir.

---

[69] GARCIA, L. F. **Mente, gestão e resultados**. São Paulo: Editora Gente, 2013.

VERBO FORTE	ESPE-CÍFICO	MENSU-RÁVEL	ALCANÇÁVEL	RELEVÂNCIA	PRAZO FINAL	TEXTO FINAL META SMART
VENDER	Pães tipo francês.	15 a 20 mil unidades/mês.	1. Já aumentei a produção para alcançar essa marca. 2. Estou contratando mais pessoas. 3. Estou reformando um ponto comercial para abrir uma filial delivery.	1. Poder aumentar o faturamento da padaria. 2. Proporcionar momentos de lazer para mim e minha família. 3. Gerar mais empregos.	01/12/20XX – 15/12/20XX	Vender 20.000 unidades de pães tipo francês por mês até 15/12/XX.
CORRER	1/2 maratona (21km).	1. Passe de 6" a 6"30'.	1. Já participei de grupo de corrida que me estimula. 2. Já alcancei esse objetivo cinco anos atrás. 3. Já estou malhando 4x/semana.	1. Buscar qualidade de vida e mostrar para mim que sou capaz de realizar esse feito novamente.	01/12/20XX – 15/12/20XX	Correr 21k com passe de 6"30' até 15/12/20XX.

É comum ver alguns empreendedores falando de metas como ser rico, ter independência financeira, ser feliz, crescer e coisas assim. Essas expressões vêm até de um desejo legítimo, mas não mobilizam o cérebro que precisa de direção. E se você não dá direção ao seu cérebro, imagina o que pode estar acontecendo na sua empresa?

Existe um elemento SMART importante que muitas vezes não recebe a atenção que merece. A **relevância** traz em si o sentido pelo qual você **deseja** alcançar a meta e também o propósito que te move. Para se aprofundar mais nisso recomendo a leitura dos livros *O Propósito*, de Sri Prem Baba,[70] e *Em busca de sentido*, de Viktor Frankl.[71]

---

70 BABA, S. P. **Propósito**: a coragem de ser quem somos. Rio de Janeiro: Sextante, 2016.

71 FRANKL, V. **Em busca de sentido**. Petrópolis: Editora Vozes, 1991.

Ao longo da minha jornada, identifiquei três motivações principais que definem a relevância de uma determinada meta: necessidade, oportunidade e identidade. Vamos a elas.

- **Necessidade:** a decisão de empreender ocorre por não haver melhores alternativas de emprego e renda, e o negócio é aberto com a finalidade de gerar rendimento, visando basicamente a própria subsistência e a da família.

- **Oportunidade:** empreendedores identificam uma chance de negócio ou um nicho de mercado e decidem empreender, mesmo tendo alternativas correntes de emprego e renda. A pesquisa Global Entrepreneurship Monitor (GEM) 2021 mostra que 48,9% dos novos negócios no país são abertos ou mantidos com essa motivação.[72] Importante destacar que os negócios motivados por uma oportunidade têm mais chance de crescer. Basta lembrar das etapas anteriores de seleção de oportunidades, Canvas e lista de prós e contras, que tornam a decisão mais assertiva.

- **Identidade:** você já deve ter conhecido alguém que se apresenta como médico, engenheiro, advogado e muitas vezes vem de família que tem essas profissões. No passado, elas viravam até sobrenome: Carneiro e Shepherd (pastor), Hunter (caçador), Müller, Miller (moleiro), Schmidt, Smith e Ferrari (ferreiro), Sartore e Schneider (alfaiate) e Zapatero e Schumacher (sapateiro). A motivação pela identidade se relaciona à crença de que seus dons e talentos estão vocacionados para a atividade empreendedora, ou seja, está envolta de iniciativas, risco, planos, execução, persuasão, resultados e, sem dúvidas, realização.

Essas três motivações podem ser relacionadas com a Pirâmide das Necessidades de Maslow.[73] Percebe-se que, assim como no mundo, o número de pessoas buscando atender suas necessidades

---

72 1 A CADA 2 empreendedores ainda abre negócio por necessidade. **G1**. 24 mar. 2022. Disponível em: https://g1.globo.com/empreendedorismo/noticia/2022/03/24/1-a-cada-2-empreendedores-ainda-abre-negocio-por-necessidade.ghtml. Acesso em: 4 jun. 2023.

73 ROSSETTI, G. Descubra os pilares gerenciais do WCM para impulsionar os ganhos das empresas. **Voitto**. 28 jul. 2020. Disponível em: https://www.voitto.com.br/blog/artigo/pilares-gerenciais-do-wcm. Acesso em: 14 jul. 2023.

fisiológicas e de segurança são bem maiores das que buscam realização pessoal.

Você já ouviu falar na Pirâmide das Necessidades de Maslow?

Napoleon Hill[74] estudou a vida de centenas dos empreendedores mais bem-sucedidos e identificou que a maioria nasceu em ambientes pobres, mas soube ressignificar as experiências de origem criando empresas de alto impacto, gerando empregos e praticando filantropia.

Aqueles que decidiram pela jornada dos empreendedores plenos se movem nessa direção. Eles identificam oportunidades geradoras de riqueza e percebem que seus dons, talentos, jornada pessoal e profissional servem para um propósito maior que o enriquecimento pessoal e familiar e que podem ajudar os outros e deixar sua contribuição para um mundo melhor.

A motivação para empreender por **identidade** é ainda mais forte que por **oportunidade**, pois conta com uma referência pessoal e interna que dá mais energia para superar obstáculos e fracassos. Você se torna imparável enquanto aquela meta fizer sentido para você.

---

[74] HILL, N. **A lei do triunfo**: 16 lições práticas de sucesso. Rio de Janeiro: José Olympio, 2014.

E caso esteja agora empreendendo por necessidade ou oportunidade, está tudo bem. Esse é um processo de tomar consciência de onde você está e para onde quer ir. Pode ser que neste momento sua motivação seja comprar uma casa melhor, fazer uma viagem com o companheiro, mudar o filho de escola, pagar os boletos da casa, comprar o carro do ano, ser reconhecido entre seus amigos. Se isso está fazendo você acordar com disposição para enfrentar os desafios, então, está ajudando. Mas pense: empresas são feitas por pessoas, com pessoas e para pessoas. Se você aprende a escutá-las e ajudá-las em suas necessidades e desejos, será que não vai ter mais gente te ajudando a satisfazer os seus próprios desejos?

O desejo é um ponto importante na construção de metas porque se transforma em uma meta que cobra um preço de tempo, dinheiro, energia para ser alcançado e pode impactar seu equilíbrio.

Para aumentar a consciência dos impactos positivos ou negativos que a definição de uma meta pode ter em sua vida pessoal ou empresarial, recomendo que você avalie cada um dos **doze hábitos ativadores da mandala dos empreendedores plenos**. Observe esses impactos para agir preventivamente ou mesmo para não avançar naquela determinada meta se perceber que os efeitos negativos estão cobrando um preço que não está disposto a pagar naquele momento.

Por falar em tempo, no método CSE orientamos que as metas sejam construídas para três meses, um e cinco anos, ou seja, com visualização de curto, médio e longo prazo. Empreendedores pesquisados pela ONU fazem isso para dez ou até vinte anos. Mas se você está começando, lembre-se que praticar a visualização é como ativar um músculo, ou seja, começa aos poucos e com a repetição se torna mais fácil. Isso vale para as metas que você definirá para o seu **físico** e para os **negócios** e uma contribuirá com a outra. É assim que o cérebro funciona: com neuroplasticidade. **Capital físico** e **intelectual** se integrando na **mandala**.

Para se aprofundar mais sobre esse tópico, acesse o QR code.

Capital intelectual: ative a energia da vontade e decida sua direção na vida e nos negócios

É importante que você não se esqueça de que o capital intelectual é o ativador do seu verdadeiro desejo. Empreender é o resultado predominante de um modelo comportamental específico. Há pessoas com baixa escolaridade e com excelentes resultados. Como vimos, são dez as competências que podem ser praticadas estimulando áreas específicas do cérebro. Segundo pesquisa SEBRAE do Seminário Empretec, participantes aumentaram em 62% seus lucros quando aplicaram essas competências em suas metas.[75]

Após aumentar o nível de **atenção** através do **capital físico**, seu cérebro está preparado para escolher **o que** você realmente **deseja** alcançar na vida e nos negócios e, através dessa escolha, você vai ter a **DIREÇÃO** e a clareza sobre se vale a pena investir seu tempo, dinheiro e energia vital em troca das metas que definiu. Aqui, o neocórtex vai ser mais ativado pelos hábitos do **capital intelectual**.

Três hábitos ativadores do capital intelectual

Avalie agora sua disposição para colocar em prática os três hábitos do capital intelectual que o ajudarão a entender qual preço você está disposto a pagar para se organizar financeiramente para crescer e alcançar a liberdade financeira, aprender com mentores e construir uma rotina inteligente que o ajude a atingir sua meta. Isso é pensar antes, ou melhor, planejar.

Organização financeira

Hoje em dia se sabe que o dinheiro recebe uma influência das emoções muito maior do que o imaginado. Conheço muitos empreendedores que são muito bons em fazer dinheiro, mas péssimos em reter. Vivem em uma montanha-russa: de manhã são ricos e à noite ficam pobres.

---

75 SEBRAE RS. Empretec é opção para quem deseja empreender ou dar novo rumo à carreira. **G1**, 10 maio 2017. Disponível em: https://g1.globo.com/rs/rio-grande-do-sul/especial-publicitario/sebrae-rs/noticia/2017/05/empretec-e-opcao-para-quem-deseja-empreender-ou-dar-novo-rumo-carreira.html. Acesso em: 14 jul. 2023.

QUAL PREÇO ESTOU DISPOSTO A PAGAR PARA CRESCER SEM ENLOUQUECER?

Começam a ter sobra de caixa e compram casas maiores, casas de praia, carros, viagens, realizando desejos de consumo reprimidos que geram despesas e aumentam o risco da pessoa jurídica e depois da pessoa física. Não pensam que a empresa é a fonte geradora de receita e que deveria ter prioridade nos investimentos e que, com um pouco mais de paciência, poderia levar à independência financeira.

Afinal, para atingir independência financeira, o dinheiro para manter seu estilo de vida deve ser oriundo de renda passiva, ou seja, de investimentos. Dados do Banco Mundial apontam que apenas 1% da população economicamente ativa do Brasil alcança a independência financeira.[76]

Por ter decidido logo cedo ser independente financeiramente, até os 30 anos li muitos livros sobre como me tornar um milionário. Afinal, eu só conhecia um milionário até aquele momento, o meu primeiro mentor, que apelidei de Tio Patinhas. Fiz uma lista dos principais livros e a principal lição de cada um, e essas lições se transformaram em crenças que sustentaram vários hábitos na minha vida e negócios do meu grupo empresarial.

- Milionários têm um estilo de vida abaixo do que poderiam ter e não seguem o estereótipo do rico que vemos nas mídias.[77]
- Milionários usam uma mentalidade específica com dezessete crenças que os ajudam a atingir seus objetivos financeiros.[78]
- Milionários orientam suas sobras para comprar ativos que gerem receita.[79]
- Milionários estão em ambientes em que aprendem e praticam quinze atitudes comuns.[80]
- Milionários usam diferentes estratégias para formar uma parceria inteligente na administração das finanças da família,[81]

---

76 INDEPENDÊNCIA financeira: o que é e por que Jade do BBB não é bom exemplo. **Exame Invest**. 8 mar. 2022. Disponível em: https://exame.com/invest/minhas-financas/independencia-financeira-o-que-e-e-porque-jade-do-bbb-nao-e-bom-exemplo/. Acesso em: 4 jun. 2023.

77 STANLEY, T. J. **O milionário mora ao lado**: os surpreendentes segredos dos ricos. Rio de Janeiro: Alta Life, 2023.

78 EKER, T. H. **Os segredos da mente milionária**. Rio de Janeiro: Sextante, 2006.

79 KIYOSAKI, R. **Pai rico, pai pobre**. Rio de Janeiro: Alta Books, 2018.

80 HILL, N. **Quem pensa enriquece**. Porto Alegre: Citadel, 2020.

81 CERBASI, G. **Casais inteligentes enriquecem juntos**. Rio de Janeiro: Sextante, 2014.

pois sabem que vivemos em um país em que o principal motivo de divórcio são as crises financeiras.[82]

- Milionários entendem que existem "leis de conduta" que regem de modo invisível todos os aspectos da vida.[83] Essa foi uma das que mais demorei para praticar, mas é a que permite que hoje eu multiplique o que construí com as anteriores.

Você pode estar pensando: "Muito bom, mas como é isso na prática?". Antes de ler esses livros, quando recebi meu primeiro salário, pensei: "Se eu vivi até agora com nada, por que não posso poupar 50%?". E essa pergunta foi me acompanhando com as mudanças de renda e estilo de vida, e sempre me mantiveram gerando sobra, multiplicando, investindo e doando.

Você vai conhecer pessoas que atingem seu primeiro milhão em poucos anos, mas eu não conheço pessoas que sustentem riqueza ao longo da vida com hábitos que ferem os princípios que discutimos anteriormente. Por isso, independência financeira requer vontade, hábitos diários, mas também paciência e planejamento.. Veja o que é paciência na prática.

Prazo de 30 anos: imagine uma pessoa que ainda não tem uma poupança e planeja alcançar seu objetivo de ser milionária nesse prazo. A estimativa de rentabilidade líquida utilizada foi de 13,50% ao ano (ou 0,9% ao mês). Ainda, a inflação média do período foi descrita como 4,5% ao ano. Nesse cenário, é possível chegar ao primeiro milhão poupando apenas R$ 632,46 por mês.

Prazo de 25 anos: Se você quiser chegar à sua meta um pouco mais rápido, é possível poupar mais mensalmente. Por exemplo, se o prazo do seu objetivo for reduzido para 25 anos, será necessário investir R$ 1.002,90 mensais. Ou seja, se aos 30 anos você começar a poupar 1.000 reais por mês, nessas condições, aos 55 anos será milionário. Que tal?

---

82 PESQUISA afirma que a principal causa de divórcios é a crise financeira. **SEGS**, 12 abr. 2022. Disponível em: https://www.segs.com.br/demais/341709-pesquisa-afirma-que-principal-causa-de-divorcios-e-a-crise-financeira#:~:text=Segundo%20o%20Instituto%20Brasileiro%20de,principal%20causa%2C%20a%20crise%20financeira. Acesso em: 4 jun. 2023.

83 CLASON, G. **O homem mais rico da Babilônia**. Rio de Janeiro: HarperCollins, 2017.

Agora confira algumas dicas simples e poderosas para organizar financeiramente a sua empresa.

- Defina um pró-labore: você deve se pagar o valor que pagaria a um funcionário/gerente para executar o seu trabalho. Isso vai tornar mais fácil o momento que você for contratar o seu substituto. Se você tirar mais para manter seu estilo de vida, estará fazendo o mesmo que um funcionário que tira um valor acima do salário que merece.
- Separe suas contas PF da PJ: empreendedores de todos os tamanhos cometem esse erro e carregam despesas pessoais na empresa, afinal, o dinheiro vai para ele no final. Se você quer crescer, deve tratar a empresa como algo independente de você. Fica simples a partir do momento em que você entende que sua maior fonte de ganhos virá do lucro, e o pró-labore é só seu salário enquanto trabalha para a empresa funcionar.
- Tenha alguém responsável pelo financeiro: a maioria dos empreendedores tem um perfil de vendas ou operação e acaba dedicando mais tempo ao financeiro do que o seu perfil suporta, desperdiçando muita energia. Ter uma pessoa específica para executar as atividades de pagar, receber, cobrar e faturar vai liberar mais do seu tempo e energia.
- Mantenha o fluxo de caixa ativo: mesmo tendo uma pessoa específica, você é o maior responsável pela empresa gerar caixa. Conheço empresários que quebraram enquanto estavam crescendo pois não fizeram o planejamento da necessidade de caixa.
- Monitore mensalmente o DRE (Demonstrativo de Resultado do Exercício): é incrível como existem empreendedores que trabalham como loucos e não sabem se o negócio está dando lucro ou não. O lucro é a prova de que você está entregando valor para o cliente a um custo que permite pagar a todos envolvidos, gerar riqueza e investir em crescimento e/ou na sua independência financeira. Se não sabe como implantar o seu DRE, contrate alguém que saiba.

Tanto na pessoa física quanto na pessoa jurídica, entendi que os princípios são os mesmos. E são a garantia de que os hábitos ainda estejam sendo praticados na vida e nos negócios de quem quer crescer sem enlouquecer. Lembre-se de que os hábitos que você decidiu mudar no capital físico vão treinar seu CPF (córtex pré-frontal) aos novos hábitos da organização financeira.

Rede de mentores

Como já deve ter ficado claro, o meu Tio Patinhas teve grande influência no início de minha jornada. Ele viu em mim um potencial que eu não percebia e me ajudou a definir uma meta, aplicar um método e encontrar o meio ambiente adequado.

Identificar os mentores certos exige que você saiba muito bem aonde quer chegar. Gosto da frase oriental que diz que o mestre surge quando o discípulo está pronto. E também dos filmes de Star Wars, onde vemos o mentor Yoda ajudando seu mentorado Luke Skywalker a despertar a "força", permitindo que ele seja um piloto destemido para se tornar um grande Jedi.

Veja esta lista de perguntas que o ajudará a escolher um mentor[84]:

Eu preciso para quê? – Tenha clara a oportunidade, a meta que quer alcançar e as informações de que precisa. Isso vale para seu negócio ou para qualquer objetivo da sua vida.

Eu confio nele? – Sem confiar nas intenções e nos métodos do mentor, você resistirá a aplicá-los na prática. Experimente o que ele orientar e avalie o resultado para você.

Ele aplica em si o que orienta? – Mentor é alguém que atingiu o resultado que você deseja. É diferente de consultor, coach, terapeuta e tantas outras atividades que ajudam no desempenho. Aqui, na casa do ferreiro, o espeto é de ferro.

Tem como mostrar os resultados? – Peça evidências dos resultados. Quem tem resultados não tem motivos para não mostrá-los.

Tem capacidade de transmitir ensinamentos? – Nem sempre um bom mentor é um bom treinador. Verifique se ele tem histórico de desenvolver outros empreendedores e o que dizem dele.

Tenho como ter acesso ao mentor? – Alguns mentores oferecem sua experiência e método através de equipes e podem limitar seu acesso a eles. Por isso, nas mentorias coletivas ou individuais, lon-

---

84 JOTA, J. **COMO ESCOLHER UM MENTOR PARA SUA VIDA E CARREIRA** | Joel Moraes. Disponível em: <https://www.youtube.com/watch?v=_GdDN0FfICO&t=6s>. Acesso em: 12 set. 2023.

gas ou curtas, o importante é fazer perguntas claras para aproveitar os momentos com o mentor.

Posso pagar? – No início da minha jornada, tive muitos mentores sem ter de pagar. No entanto, quanto mais seus desafios crescerem, mais você precisará estar disposto a pagar para acessar os melhores mentores. Vale muito a pena.

Foram muitos mentores ao longo da minha jornada, e deixo aqui minha gratidão por cada um que me entregou um pouco do melhor que tinha até aquele momento. Hoje me sinto honrado pelas centenas de empresários que me escolheram como mentor, por entenderem que posso ajudá-los a aplicar o método CSE e experimentar os resultados da jornada de empreendedores plenos.

O mentor certo o ajudará a economizar o recurso mais nobre que você tem: seu tempo. **Talvez você ainda ache que tempo é dinheiro, mas tempo, na verdade, é vida**. Essa chave vira tudo.

Passo 6: construir uma rotina inteligente

Durante sete anos, dediquei intensamente todo o meu tempo para minhas metas. Aos 40, alcancei a independência financeira, mas precisei de outros anos para me recuperar da síndrome de burnout. O segredo dos empreendedores plenos está em construir uma rotina inteligente que integre os **quatro capitais**. Aqui está a grande virada do jogo. Você nunca teve acesso a algo assim e vai muito além de qualquer coisa que já tenha visto sobre gestão do tempo ou sua lista de atividades diárias.

Você talvez pense que rotina é uma prisão, que tira a sua liberdade, e que não foi para isso que você decidiu empreender. Ou pense que seu negócio é dinâmico e repita coisas como: "não tenho tempo para parar", "estou me organizando para ter mais tempo" e "na próxima semana eu faço isso, minha vida é uma correria!". Você pode até gostar dessa correria, consciente ou inconscientemente, mas é provável que gaste mais energia e tempo do que precisaria para chegar aonde deseja. Confesso que não conheço quem vá muito longe com essa tal de correria.

Como multifranqueado, conheci Rogério Gabriel, presidente do Grupo de Franquias Moveedu e autor do livro *Do chão ao topo*,[85] no

---

[85] GABRIEL. R. **Do chão ao topo**: a saga do empreendedor que criou a maior rede de escolas profissionalizantes do mundo. São Paulo: Portfolio-Penguin. 2017.

qual revela sua trajetória de uma falência com dívida de 10 milhões de reais a um grupo com mais de mil franquias e faturamento anual de centenas de milhões. Esse empreendedor começou em uma loja de informática no interior com apenas um funcionário, e sempre teve as mesmas 24 horas que eu e você.

Casado e com um filho, desde a primeira vez que o vi, em uma situação de fusão de marcas, ou seja, potencialmente tensa, percebi nele uma tranquilidade unida à firmeza, uma escuta aliada à assertividade, e outras habilidades que parecem não habitar o "empreendedor normal". Passamos a nos conhecer mais e percebi a clareza que ele tinha sobre onde queria chegar com seus negócios e quanto ele é cuidadoso com a rotina.

Começando pelo cuidado com o **capital físico**, no qual ele dedica tempo a atividades como natação e bicicleta, passando pelo **capital intelectual**, que nutre participando de diversos grupos empresariais como a Endeavor e Lide, e pelo **capital emocional**, demonstrado na maneira como expressa sua relação com a família, parentes e centenas de franqueados de sua rede, e chegando ao **capital espiritual** alimentado através de momentos de contemplação, ações beneficentes (as vendas do livro dele são revertidas para uma instituição) e pelo propósito de ser "apaixonado pelo meu trabalho e pelo poder que a educação tem de transformar vidas e o rumo de nações por todo o mundo".[86] Isso é coisa de empreendedor pleno!

Você pode conhecer melhor Gabriel na entrevista que fiz com ele para o I Congresso de Empreendedores Plenos em 2022, basta acessar o QR code.

O ponto principal de tudo isso é como é possível você atingir uma meta de crescimento se não dedicar tempo a ela. Talvez a sua realidade seja uma em que você não tem tempo para dedicar nem ao funcionamento da empresa, nem a você e à sua família. Mas, afinal, como pode fazer para ter mais tempo para crescer sem enlouquecer?

---

[86] GABRIEL, R. Sobre. **LinkedIn**. Disponível em: https://www.linkedin.com/in/rogerio-gabriel-moveedu/. Acesso em: 14 jul. 2023.

QUAL PREÇO ESTOU DISPOSTO A PAGAR PARA CRESCER SEM ENLOUQUECER?

Tem uma frase oriental que diz que a **atenção** energiza e o **desejo** transforma. Antes de falar em tempo, lembre-se de que tudo que foi visto até agora pode ser resumido nessa frase. Vivemos em um mundo que estimula a **distração** e com hábitos que oferecem **prazeres** instantâneos, e isso tudo rouba tempo. Distrações e prazeres são forças contrárias ao crescimento. Então, vamos listar ações que favoreçam seu crescimento:

- eliminar ou reduzir ladrões de tempo (TV, séries, redes sociais, deslocamento e convites empresariais);
- reduzir o volume de troca de mensagens com a equipe;
- substituir viagens por comunicação remota;
- definir novas responsabilidades para a pessoa-chave e distribuir atividades (família e equipe atual);
- criar um ambiente que favoreça a sua concentração;
- criar rotina de acompanhamento semanal registrada;
- escrever e compartilhar instruções e decisões comunicadas para a equipe;
- definir horário e local fora do dia a dia da empresa para planejar crescimento;
- aumentar volume de tempo (físico, emocional e espiritual).

Ao aplicar essa lista à matriz complexidade *versus* tempo do capítulo 4, você vai descobrir que tem muito mais tempo do que imagina.

Dez subpassos para a rotina inteligente de um empreendedor pleno

1 **Ter clara a prioridade da meta física e empresarial**: uma meta definida e uma direção clara para crescer fortalecem a sua **vontade**, por isso ficará menos doloroso quando você disser NÃO a tudo aquilo que o desvia dela. Atenção energiza, e a vontade transforma.

2 **Converter tempo perdido/ladrões para os capitais**: hoje, trabalho cerca de 90% do tempo de maneira remota, mesmo tendo negócios físicos espalhados por vários lugares. Apenas eliminando o deslocamento e reduzindo viagens, ganhei entre duas horas diárias e dez horas semanais, são 520 horas por ano! Tempo suficiente para treinar para maratonas, viajar com a esposa, escrever um livro, participar de serviços voluntários, participar de cursos e mentorias e ainda aumentar os negócios atuais. Conheço empreendedores que identificaram 32 horas semanais, mais de 1.500 anuais.

3. **Definir novos hábitos (gatilho, rotina e recompensa)**: o cérebro tem mecanismos para controlar quando devemos ou não entrar em modo automático. É o chamado *loop* do hábito e possui três etapas:
   a) Deixa (gatilho): um estímulo que informa o cérebro a hora de entrar no modo automático e qual hábito usar.
   b) Rotina: alguma ação, pensamento ou emoção.
   c) Recompensa: resultado da rotina, assim o cérebro consegue avaliar se vale a pena memorizar esse *loop* específico.

A partir de várias repetições, o *loop* vai se tornando cada vez mais automático. A deixa e a recompensa vão se entrelaçando até que surge um senso de antecipação e desejo, e por fim, um hábito é formado. Experimente usar o alarme do celular (gatilho) para lembrá-lo de todos novos hábitos (rotina) que estamos falando aqui e que têm recebido mais tempo disponível (recompensa).

4. **Priorizar o capital espiritual e físico no início do dia**: já mostrei a importância do capital físico para aumentar a disposição

para crescer, principalmente no início do dia pela liberação da serotonina, e que ainda vai ajudar a dormir melhor com a liberação da melatonina. Dedicar alguns minutos ou horas logo no início do dia vai te preparar para os desafios da jornada diária e ainda lembrá-lo de que você é sua maior prioridade. Até o final do livro, você entenderá o quanto o capital espiritual também deve ser ativado para você iniciar o dia com energia suficiente para lidar com as adversidades e seguir com sua rotina inteligente.

5 **Dividir turnos por empresa e/ou papéis**: é provável que você tenha vários papéis. Cônjuge, pai/mãe, filho, empresário, amigo, cidadão... Cada um deles consome seu tempo. E se você tiver mais de uma empresa ou negócio, seu tempo vai ser ainda mais consumido. Imagina tentar encontrar algo em um armário todo desorganizado, você perde tempo e energia e muitas vezes não encontra. Quando você separa camisas, calças e meias, fica mais simples e rápido. Se seu papel de mãe/pai e empresário consome muito tempo, separe a manhã para um e a tarde para o outro. Se tem dois negócios, faça o mesmo. Isso vai ajudar seu cérebro a se manter presente em cada momento, e vai consumir menos energia.

6 **Blocar a semana através das competências empreendedoras, começando pelas mais fracas**: no capítulo 4, apresentei as dez competências dos empreendedores de sucesso reconhecidas pela ONU, mas confesso que sempre foi um desafio colocá-las em prática na rotina, mesmo sendo treinador na área. Tudo que é importante merece tempo programado. Cada dia da semana tem uma ou duas competências que direcionam as atividades de rotina.

7 **Começar o dia pelas atividades mais desagradáveis**: o cérebro busca fugir da dor e encontrar o prazer, e naturalmente vai fazer você adiar as tarefas desagradáveis que precisa executar. Comece pelas mais desagradáveis, depois de estar energizado pela ativação física e espiritual, e siga para as mais agradáveis, que servem de recompensa do ciclo do hábito.

8 **Automatizar a rotina para empreendedor pleno**: o número de decisões diárias pode ir de 220 a 35 mil, a depender da fonte.[87] Abrir os olhos, sair da cama, pegar a escova de dente, escovar os dentes, ir até a cozinha para tomar café, abrir a geladeira, olhar as redes sociais... enfim, cada ação corresponde a uma decisão prévia de fazer aquilo. Todas elas consomem energia, e a maioria já está automatizada de modo inconsciente. O segredo aqui é você automatizá-las conscientemente para tirar o melhor proveito do seu tempo e energia. Você pode até pensar que isso é coisa para robô, mas lembre-se que você já faz isso, só que não intencionalmente. Inclusive, recomendo muito o uso de ferramentas tecnológicas que programem atividades pessoais e empresariais repetidas na sua agenda. Isso ajuda na saúde do cérebro e na sua produtividade na vida e nos negócios.

9 **Identificar o tempo disponível para a meta**: se você construir sua rotina e identificar que sua semana está lotada, não gaste energia querendo alcançar uma meta de crescimento. É como correr uma maratona sem treinar: pode trazer consequências muito ruins. Se isso acontecer, volte para a matriz de complexidade *versus* tempo e elimine os ladrões de tempo.

10 **Revisar semanalmente a rotina com atividades para a meta**: essas atividades devem caber nos espaços vazios da sua rotina. Naturalmente, nem tudo que você planeja vai acontecer. Se fosse o caso, você seria um profeta, não um empreendedor. Por isso, definir um tempo semanal para realocar as atividades que vão entrar nesses espaços vazios é essencial.

E qual é o resultado disso?

Veja agora a mudança de um empresário participante do programa CSE. Ele dedicava 88 horas do seu tempo a atividades operacionais, aquelas que poderiam ser feitas por um funcionário, e baixou para 34 horas semanais utilizando a matriz de complexidade e

---

87 SOSNOWSKI, A. Você sabe tomar decisões? Responda agora: sim ou não? **Exame**. 10 maio 2022. Disponível em: https://exame.com/bussola/voce-sabe-tomar-decisoes-responda-agora-sim-ou-nao/. Acesso em: 14 jul. 2023.

tempo. Reduziu os ladrões de tempo de vinte para seis horas apenas aproveitando seu deslocamento para estudar, e limitando TV e redes sociais. Todo esse tempo foi redirecionado para atividades do capital físico, emocional e espiritual, o que aumentou o tempo que poderia dedicar ao crescimento da empresa, que foi quintuplicado, saindo de 6 para 30 horas semanais. Em um ano, a empresa dele triplicou de tamanho.

Uma rotina inteligente não é prisão, é liberdade.

Aplicando esses dez subpassos, você passará a ter comando do seu tempo. Afinal, você o distribuiu de acordo com a sua vontade. A partir daí, poderá usar ferramentas que o ajudem a gerir melhor a rotina. O importante é o processo que começou ao selecionar a oportunidade e a informação de crescimento, avaliar o risco, definir uma meta e saber o tempo disponível para dedicar a essa meta. Agora você pode responder de modo consciente se está disposto a pagar o preço (tempo, estudo e dinheiro) de seguir com essa oportunidade, aprofundar no planejamento e seguir para a execução. Você agora tem uma DIREÇÃO.

Capítulo 7

COMO E COM QUEM vou crescer sem ENLOUQUECER

Você já passou pelos *capitais físico* e *intelectual* e viu hábitos e ferramentas que vão potencializar a *atenção* e a *direção* para você aproveitar a oportunidade de crescimento e atingir a *sua* meta. Agora, no método Crescer sem Enlouquecer você precisa definir *como* e com *quem* quer crescer. Para isso, precisará de *disciplina* para detalhar planos e processos, de pessoas que o fortaleçam emocionalmente para manter sua energia alta para a EXECUÇÃO.

Jane tem pouco menos de 30 anos, é divorciada, mãe de Gabriel de 5 anos e empresária do ramo de fabricação de roupas. Vive um ritmo intenso de trabalho para conciliar com a educação do filho e não tem ânimo para fazer a empresa crescer. Ela reorganizou a rotina, passou até a ir à empresa caminhando para ativar seu corpo e redesenhou sua estrutura para alcançar sua visão de ter dezenas de funcionários trabalhando para duplicar a produção e ela ficar observando o funcionamento de tudo de sua sala no primeiro andar.

Ao mesmo tempo que montou sua rotina inteligente e se colocou como prioridade, Jane percebeu que precisava olhar para suas emoções e experimentou a terapia da constelação familiar. Foi então que entendeu que questões relacionadas à sua relação familiar estavam atrapalhando o crescimento de sua empresa. Ao tomar consciência de que a necessidade de aprovação da mãe estava drenando sua energia, ela restabeleceu os lugares nessa relação e passou a usar a disciplina da rotina inteligente para fazer o planejamento e revisar os processos da empresa e também para treinar pessoas. O negócio cresceu 30%, e em breve Jane verá sua visão se concretizar.

Passo 7: ganhe tempo com o planejamento

O brasileiro tem baixa disposição para planejar, e um dos motivos para isso é achar que é perda de tempo. Planejar é simplesmente pensar antes de fazer, o que evita desperdiçar tempo e energia. A partir dessa compreensão, você vai conhecer ferramentas simples que vão ajudá-lo a atingir suas metas e reduzir a ansiedade.

Convivendo com vários empreendedores, identifico claramente um perfil comum que chamo de **empreendedor barata**. Veja se você conhece algum:

- gasta muita energia correndo para todos os lados, está sempre se movendo para ir atrás da sobrevivência ou de algum "doce";
- muito resistente ao ambiente e não desiste fácil, mesmo nas condições mais adversas;
- normalmente, termina morto por uma "pisada", que pode ser uma queda nas vendas, um conflito com sócio, uma ação judicial de um funcionário, e ninguém se dá mais conta dele.

Mas fico contente em ter formado centenas de **empreendedores plenos** que aprenderam a:

- colocar-se como prioridade de sua rotina inteligente;
- dedicar o tempo disponível na sua rotina para alcançar sua meta de crescimento;
- desenvolver disciplina diária para adiar os estímulos imediatos em troca do prêmio futuro.

Você já deve ter ouvido falar dos vários benefícios do planejamento, e vou te dar mais um: a falta de planejamento é um dos principais motivos para fechamento de empresas nos primeiros anos, de acordo o SEBRAE,[88] e é claro que você não quer que a sua empresa feche, certo? Mas talvez você deva pensar em coisas como: "Se eu parar planejar, quem vai executar o trabalho?", "Para que planejar se tudo muda depois?", "Planejar é perda de tempo; o importante é a ação", "Quem planeja é porque não executa", "Eu não consigo ficar parando sem fazer nada" e "Não gosto de teoria, meu negócio é a prática".

Mais uma vez, sua mente racional está escondendo uma característica do seu cérebro, que naturalmente busca por recompensa imediata. Isso fica muito claro em uma pesquisa que resultou no chamado "teste do marshmallow".[89]

Nele, o psicólogo austríaco Walter Mischel colocava crianças sozinhas em uma sala com um marshmallow. Era dito que elas poderiam comer o doce, mas, se esperassem o pesquisador voltar em um tempo indeterminado, elas ganhariam dois marshmallows. Essas crianças foram avaliadas ao longo dos anos seguintes, e a conclusão do estudo demonstrou que as que foram capazes de resistir à gratificação imediata e esperar por um segundo marshmallow progrediram para obter maiores realizações na vida.[90]

Talvez seu cérebro esteja funcionando através de respostas imediatas. Distrações, problemas, atividades, clientes, todos são os marshmallows do agora. Mas se sua vontade/desejo em desenvolver uma oportunidade de crescimento for forte, você dirá NÃO, porque está acreditando que haverá mais marshmallow depois. Para ter essa crença forte, é necessário você ter definido claramente sua meta SMART e aberto espaço na sua agenda para crescer.

Você pode pensar: "Tudo bem! Agora tenho uma meta, mas faltam recursos para eu colocar tudo em prática". Lembre-se de que empreendedores têm a tendência de olhar para o exterior e esque-

---

88 VIANA, F. A falta de planejamento é um dos vilões da mortalidade das empresas no Brasil. **Sebrae PR**, 23 mar. Disponível em: https://sebraepr.com.br/comunidade/artigo/a-falta-de-planejamento-e-um-dos-viloes-da-mortalidade-das-empresas-no-brasil. Acesso em: 17 jul. 2023.

89 DORSA, A. Psicologia depende demais de pesquisas com amostras do mundo rico. **Questão de Ciência**, 6 mar. 2020. Disponível em: https://www.revistaquestaodeciencia.com.br/artigo/2020/03/06/psicologia-depende-demais-de-pesquisas-com-amostras-do-mundo-rico. Acesso em: 4 jun. 2023.

90 MISCHEL, W.; SHODA, Y.; RODRIGUEZ, M. I. Delay of gratification in children. **Science**, v. 244, n. 4907, p. 933–938, 1989.

cem do que já têm. Para evitar que isso aconteça contigo, vou te apresentar os **4 Ts**, assim, faremos um inventário de recursos de que você deve dispor e que o ajudarão em seu planejamento.

- **Templo:** seu corpo é sua casa. Os *hábitos ativadores do capital físico* são o ponto de partida para você gerar energia para atingir suas metas.
- **Tempo:** tempo não é dinheiro, é vida. Uma rotina inteligente o ajudará a distribuir o seu tempo entre seus diversos papéis e ativar os *quatro capitais*.
- **Talento:** somos melhores do que pensamos. Todos temos competências inatas que nos fazem executar de modo simples aquilo que para outros é complexo. Um bom vendedor preso à área administrativa é desperdício de talento. Mas um bom vendedor, treinado e voltado para a meta é um grande diferencial.
- **Tesouros:** os maiores tesouros estão perto de você. Se aumentar sua *atenção*, vai perceber que pode vender coisas que não são úteis e transformar em dinheiro para investir, pode convidar pessoas próximas para trabalhar com você nesta meta e pode explorar as conexões que estão em seu ambiente para buscar ajuda para implantar seu plano.

Consegue perceber que você tem muito mais recursos do que imagina?

Quando decidi treinar para a primeira maratona que fiz em 2020, já vinha treinando de três a quatro vezes por semana para a meia maratona. Ao receber as orientações do meu mentor, entendi que teria que aumentar **volume, intensidade e frequência** dos treinos para ter a chance de atingir os 42 quilômetros no tempo que estipulei. O nome disso é **prioridade**. O mesmo aconteceu com este livro e com tudo que tenho me proposto a alcançar. Tudo que é prioridade vai demandar volume, intensidade e frequência para ter a chance de acontecer. Isso é o alinhamento prático entre **atenção, desejo e disciplina**.

Inventário de recursos atuais (4 Ts)

Vamos a um exemplo prático que o ajudará a dar partida no seu planejamento, utilizando seus recursos e com foco em prioridades.

Etapa 1: definir uma meta SMART para crescer sem enlouquecer

Meta: Aumentar as vendas da filial Y de 20 mil reais/mês para 30 mil reais/mês com finais de semana livres para a família até DD/MM/AAAA.

Etapa 2: selecionar prioridades

Selecione no máximo três prioridades, sendo uma para a organização/preparação interna e as outras duas voltadas para o crescimento. A sequência vai depender da sua necessidade, mas lembre-se: todas as vezes que você cresce, cria desordem na sua empresa, e por isso é importante dar atenção a isso para não enlouquecer mais à frente ou criar um caos de crescimento na empresa. Perceba que as outras duas prioridades relacionadas ao crescimento têm as características de uma meta SMART, são mini metas para direcionar as ações do plano.

PRIORIDADES:

A. Reduzir participação operacional de 6h/dia para 4h/dia (organização/preparação).

B. Vender 6 mil reais/mês de produtos para nova região (mini-meta de crescimento 1).

C. Vender 4 mil reais/mês de novos produtos nos clientes atuais (mini meta de crescimento 2).

Etapa 3: definir o responsável e uma data limite para a conclusão daquela ação

Nesse momento, é muito importante você identificar se está assumindo muitas atividades ou se pode delegá-las.

PRIORIDADES:

Ação A:

- reduzir participação operacional de 6h/dia para 4h/dia – *eu* (30/09);
- revisar atividades de alta/baixa prioridade – *eu* (10/09);
- distribuir atividades com equipe – *eu* (12/09);
- escrever rotina da equipe – *consultoria* (15/09);
- contratar um vendedor MEI e um estagiário administrativo – *sócio* (30/09).

Ação B:

- vender 6 mil reais/mês de produtos para nova região – *eu* (20/10);
- fazer lista de clientes potenciais – *eu* (15/09);
- preparar script de atendimento – *eu* (30/09);
- aplicar treinamento de vendas – *sócio* (03/10);
- visitar clientes agendados – *vendedor* (20/10).

Minha sugestão é que você comece com prioridades semanais, depois passe a definir as mensais. O ideal é que você tenha planos construídos para o trimestre. Assim, vai perceber que sua ansiedade – dúvida ou antecipação do futuro – diminui, e você concentra mais energia na execução e no agora, que é onde as coisas acontecem.

Etapa 4: alocar semanalmente as ações sob sua responsabilidade na rotina inteligente

Muitos empreendedores enlouquecem quando tentam fazer novas ações, mas não preparam sua rotina. No conflito entre a ação nova e a rotina operacional, quem vence é a rotina operacional, e você nunca cresce. Por isso é tão importante você ter aplicado a matriz de complexidade versus tempo e ter criado tempo para crescer sem enlouquecer.

Etapa 5: definir semanalmente dia e horário fixos para revisar sua rotina inteligente

A disciplina que mencionei para os treinos das maratonas e para escrever este livro é a mesma necessária manter o planejamento atualizado. Defina um dia na semana – alguns preferem a sexta-feira; outros, a segunda; e alguns, o sábado – para verificar o que foi realizado ou não, se algo precisa ser modificado, retirado, mudado de responsável, adiado, antecipado... afinal, você é empreendedor, não vidente.

Pronto! Quando colocar em prática essas etapas, vai criar o tempo que nem imaginava ter e ainda usar o tempo livre para cumprir seu papel de fazer a empresa crescer.

Passo 8: cresça através dos seus processos

Talvez você seja o empresário que passa a vida se queixando porque os funcionários não sabem fazer do seu jeito e acaba fazendo ou refazendo atividades que não são suas. Você deve terminar seu dia cansado e desanimado, afinal, trabalha por você e pelos outros. Talvez você ainda não tenha entendido o poder de desenvolver ou utilizar procedimentos operacionais padrão (POP). Esse é um passo fundamental da EXECUÇÃO.

Meus principais negócios são franquias. Elas são formatadas para crescer através de procedimentos operacionais testados pelos franqueadores. Vou mostrar a vantagem de utilizar e desenvolver atitudes e ferramentas que busquem satisfazer clientes, reduzir tempo e ter custos mais baixos sempre, sem ficar paralisado pelo perfeccionismo.

Segundo a Associação Brasileira de Franchising (ABF),[91] para as franquias, há uma taxa de mortalidade de 5% nos primeiros 24 meses de vida, ou seja, elas fecham as portas nesse tempo. Já entre os negócios próprios, o índice de mortalidade é de 17% para as EPPs (empresas de pequeno porte com faturamento até 4,8 milhões de reais), 21,6% para as MEs (microempresas) e 29% para os MEI (microempreendedores individuais), de acordo com um estudo do Sebrae.[92] Grande parte dessa diferença está nos procedimentos operacionais padrão que foram testados nas diversas áreas operacionais antes do franqueado usá-los. É como pensar em fazer um bolo com ou sem receita.

O POP define o padrão de execução das tarefas. O que, certamente, traz muitas vantagens à empresa, aos colaboradores e, também, ao cliente final, pois **aumenta a qualidade para o cliente, garante uma variação mínima na rotina das equipe, diminui a taxa de erros e otimiza a produtividade**. Para construir um bom modelo de POP, você deverá considerar o seguintes:

- nome do procedimento;
- local de aplicação;
- responsáveis pela tarefa elencados por cargos e não por nomes, já que estes podem mudar com o tempo;
- responsável pela elaboração do procedimento;
- materiais envolvidos na tarefa;
- documentação de referência, como manuais, estatuto, guias de segurança e assim por diante;

---

91 FRANQUIA ou negócio próprio: como escolher. **Exame**. 2 fev. 2023. Disponível em: https://exame.com/conta-em-dia/planejar/franquia-negocio-proprio-escolher/. Acesso em: 17 jul. 2023.

92 A TAXA de sobrevivência das empresas no Brasil. **Sebrae**. 27 jan. 2023. Disponível em: https://sebrae.com.br/sites/PortalSebrae/artigos/a-taxa-de-sobrevivencia-das-empresas-no-brasil,d5147a-3a415f5810VgnVCM1000001b00320aRCRD. Acesso em: 17 jul. 2023.

- passo a passo do procedimento, incluindo etapas e sequência de realização, além da nomeação dos responsáveis por cada etapa;
- gráficos e fluxogramas, no caso de tarefas com alto grau de complexidade;
- perspectiva de revisão, ou seja, dentro de qual período o POP precisará ser revisto. Recomenda-se a periodicidade de um ano.

Caso você ainda não tenha seus POP, comece por aqueles que consomem mais o seu tempo ou tenham impacto direto nos seus resultados.

Você também pode saber mais sobre essa construção ao assistir a um exemplo prático nesta aula dos programas CSE, basta acessar o QR code.

Passo 9: cresça ainda mais com as pessoas

É pouco provável alguém crescer sozinho e ainda manter o equilíbrio. Empreendedores plenos constroem uma reputação que os precede. Aumentam a conexão com pessoas e constroem redes de apoio dentro e fora da empresa para ajudá-los a operar e crescer sem enlouquecer.

Mas a realidade que encontro é que grande parte dos empreendedores "normais" gasta muita energia reclamando dos funcionários, da falta de comprometimento, que os empregados só pensam em salário, que não têm visão de dono e que é melhor não contratar para não ter mais problemas.

Se você pensa assim, está escolhendo ficar pequeno e/ou preso à sua empresa eternamente. Se isso for consciente, está tudo bem. Mas, se você quiser crescer, vai precisar SIM de funcionários – e, por favor, lembre-se de que se eles já estivessem prontos para ser donos de empresa, não estariam trabalhando com você.

Eu, por exemplo, tenho clareza da diferença de que quanto mais funcionários tiver, mais tempo terei para fazer minha empresa crescer e para viver a minha vida. Convido você a exercer seu papel de liderança e sair deste grupo que fica falando que as pessoas não estão qualificadas para fazer o trabalho. Para eu poder te ajudar a mudar essa mentalidade, vamos ter como base cada um dos níveis como descrito pela empresa,[93] que é especializada em gestão de pessoas. Entenda melhor a seguir.

Níveis de maturidade

Segundo teoria criada em 1969 por Paul Hersey, Ken Blanchard e Dewey Johnson,[94] liderar é saber agir com subordinados distintos de maneira também distinta. Eles chamaram isso de liderança situacional. Para que funcione, é necessário que você entenda qual é a experiência e o conhecimento de cada liderado na hora de delegar tarefas, apoiá-los, orientá-los ou simplesmente direcioná-los.

S1: direção (ou comando)

É quando **o líder precisa dizer aos liderados exatamente o que deve ser feito e ensinar o passo a passo**, pois há muito pouco ou nada de conhecimento por parte de quem vai desempenhar as atividades.

Nesta etapa, o colaborador vai aprender a fazer determinada tarefa e será monitorado pelo gestor até o final. Como ele ainda tem baixa competência na atividade, será necessário que você tenha um alto grau de empenho e dê apoio para que tudo seja realizado com sucesso. É natural que ser mais rígido nesse momento e acompanhar tudo bem de perto.

É uma atitude muito comum com estagiários, profissionais recém-chegados no mercado de trabalho ou quando um colaborador está migrando de área e precisa de novos direcionamentos.

S2: orientação

A orientação é uma fase na qual a relação é mais de troca de informações e experiências. Você ainda participa ativamente, porém

---

93 FURBINO, I. Liderança situacional: os detalhes desse modelo de gestão. **Sólides Tangerino**. 4 dez. 2019. Disponível em: https://tangerino.com.br/blog/lideranca-situacional/. Acesso em: 17 jul. 2023.

94 HERSEY, P.; BLANCHARD, K.; JOHNSON, D. **Management of organizational behavior**. EUA: Peason. 2012.

solicita novas ideias e sugestões de melhorias para os colaboradores. Apesar de essa etapa ser bastante participativa, aqui ainda não é a equipe que toma a decisão em conjunto, mas, sim, o gestor. No entanto, nela os colaboradores já têm certa experiência para contribuir com suas opiniões em relação às atividades, e isso os motiva a trabalhar mais engajados.

Vale ressaltar que aqui também se encaixam os colaboradores que, mesmo já tendo alguma competência, podem estar pouco empenhados ou motivados a executar seus trabalhos. Esse é o momento em que o líder deve dar ainda mais atenção e orientação.

S3: apoio

Nesse terceiro estágio da liderança situacional, **o líder já começa a sair mais de cena e passa a deixar o protagonismo com os trabalhadores**. Por estarem em um estágio mais avançado de experiência e maturidade, podem ser acompanhados de longe.

É nessa etapa que os funcionários já têm bastante habilidade e capacidade para encarregar-se das tarefas.

Contudo, em muitos casos, eles ainda não querem ou não se sentem preparados para assumir responsabilidades no momento. É nesse momento que a liderança deve oferecer oportunidades e apoio para que os profissionais possam se tornar ainda mais independentes, conscientes de suas decisões e maduros profissionalmente para atingir o próximo estágio.

S4: delegação

Agora, sim, chegamos ao grau mais elevado e que conta com maior nível de maturidade dos colaboradores. Aqui, eles têm mais disposição para desempenhar suas tarefas e, por isso, já conseguem assumir sozinhos as responsabilidades pelo desenvolvimento de suas atividades.

Nessa etapa, o líder apenas delega funções e as direciona para os profissionais, que **já têm alta performance, sabem exatamente quais são seus papéis** e qual é a expectativa em relação a eles.

Modelo Hersey-Blanchard de liderança situacional

Quando falamos em liderança situacional, para cada um dos níveis de maturidade, há um comportamento correto. Por essa razão, os estudiosos que criaram essa teoria propuseram um mapa conhecido como o Modelo Hersey-Blanchard. Veja-o a seguir:

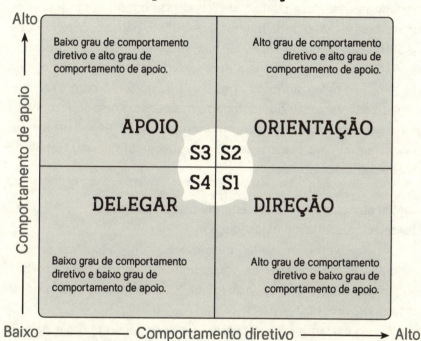

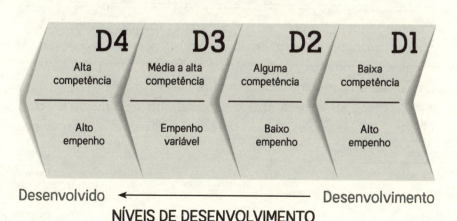

Ou seja, quanto menos maduro é o liderado, mais será necessário apoiá-lo nas tarefas. Mas, no caso do direcionamento, o comportamento do líder deve mudar ao longo da jornada dos seus subordinados.[95]

Agora você vai olhar para essa figura e colocar o nome de cada pessoa de sua equipe e vai programar a ação de desenvolvimento de que cada um precisa. Você vai se surpreender com os resultados.

Depois de um tempo, entendi que é pouco provável que um funcionário saia de casa planejando fazer tudo errado para receber repreensões ou tirá-lo do sério. Muitos realmente não sabem o que fazer, não entendem como fazer ou não se sentem seguros de como fazer. Quando entendemos a necessidade intelectual e emocional de cada um deles, abrimos uma porta de conexão com os funcionários. Você vai sentir que boa parte das pessoas respondem. Vale a pena dar essa chance a eles, e muito mais a você. Essa é uma etapa fundamental para Crescer sem Enlouquecer, afinal, seu trabalho é dar trabalho aos outros.

Capital emocional: ative sua energia psíquica através dos relacionamentos para execução

A palavra emoção, do latim emovere, significa "colocar em movimento". Etimologicamente, seu significado compartilha a mesma origem da palavra "motor": aquilo que "põe em movimento" ou "serve para movimentar algo". [96]

Aprendi a ver a emoção como combustível ou energia da ação empreendedora, cuja jornada é muitas vezes comparada a uma montanha-russa emocional. São situações (conflitos, apoio, metas batidas ou não, dinheiro, erros, acertos) e pessoas (fornecedores, clientes, funcionários, familiares) que podem, no mesmo dia, levá-lo para o alto ou para baixo em uma velocidade incrível.

Empreender é uma atividade social, afinal, convivemos com clientes, colaboradores, fornecedores e familiares e acabamos nos

---

95 SOARES, V. O que é liderança situacional? Entenda como usar a técnica de gestão. **Exame**. 22 dez. 2021. Disponível em: https://exame.com/carreira/lideranca-situacional-autonomia/. Acesso em: 4 jun. 2023.

96 VIDA social no ambiente virtual de aprendizagem: desenvolvimento afetivo e moral. **UFRGS**. Disponível em: http://nuted.ufrgs.br/oa/vidasocialnoava/glossario.html. Acesso em: 17 jul. 2023.

sentindo bem ou mal nesse contato, e também somos impactados pelo diálogo interno constante de nossa mente. No centro de tudo isso, existem emoções primárias que são aquelas definidas por serem **universais**, **reconhecíveis** e **pontuais** e que trazem repercussões físicas como raiva, medo, alegria, tristeza, aversão e surpresa.[97]

Essas emoções geram hábitos conscientes e inconscientes que estimulam respostas cerebrais de lutar/fugir em estados de pressão, derramando em nosso corpo um mar de substâncias químicas potencialmente prejudiciais. Lidar com as emoções significa usar essa química a nosso favor. Assim como foi com os capitais anteriores, você pode ativar ou desativar seu capital emocional, afinal, existe uma liberação real de energia emocional ou psíquica quando você faz isso.

É necessário ter em mente que o inconsciente tem um impacto considerável nas nossas decisões que, por vezes, parecem ter sido tomadas de modo consciente. Carl Jung, psiquiatra suíço e pesquisador da energia psíquica, indicou que o conteúdo inconsciente é responsável pela maior parte das decisões que são tomadas.[98] E mais: um estudo realizado pela Universidade de Harvard[99] apontou que 95% das nossas decisões de compra são inconscientes, e que compramos de acordo com nossas sensações. Não é só o racional que está presente nesse momento, mesmo que seja o que parece. Por isso que é imprescindível ter inteligência emocional, o ativar e desativar de capitais de que falei.

De modo breve, o traço que os cientistas denominaram de inteligência emocional é visto inicialmente por Darwin, que em suas obras referiu-se à importância da expressão emocional para a

---

97 SOARES, V. O que é liderança situacional? Entenda como usar a técnica de gestão. **Exame**. 22 dez. 2021. Disponível em: https://exame.com/carreira/lideranca-situacional-autonomia/. Acesso em: 4 jun. 2023.

98 CAVALE, F. **Em busca da liberdade**: uma revisão bibliográfica da psicologia analítica. 2018. 83 f. Dissertação (Mestrado) - Curso de Psicologia Clínica, Pontifícia Universidade Católica de São Paulo, São Paulo, 2018. Disponível em: https://tede2.pucsp.br/bitstream/handle/21566/2/Fábio%20 Pipelmo%20Cavale.pdf. Acesso em: 17 jul. 2023.

99 95% DAS NOSSAS decisões de compra são inconscientes, alerta especialista. **AMCHAM**. 23 jul. 2014. Disponível em: https://www.amcham.com.br/noticias/gestao/95-das-nossas-decisoes- -de-compra-sao-inconscientes-alerta-especialista-1546.html#:~:text=Um%20estudo%20realiza- do%20pela%20Universidade,de%20acordo%20com%20nossas%20sensa%C3%A7%C3%B5es. Acesso em: 4 jun. 2023.

sobrevivência e adaptação das espécies.[100] Mais tarde, Howard Gardner apontou para as inteligências múltiplas e introduziu a inteligência emocional dentro das inteligências interpessoais e intrapessoais, ele também afirmava que indicadores como o QI não explicam completamente a capacidade cognitiva.[101] Mas a definição mundialmente reconhecida de inteligência emocional veio de Daniel Goleman,[102] que a descrevia como a capacidade de conhecer e gerir as emoções para alcançar objetivos, seja no âmbito pessoal ou profissional. E por que estou falando disso, você pode estar se perguntando, bem, desenvolver a inteligência emocional é essencial para alcançar o sucesso e promover a autorrealização, que são a base da motivação dos empreendedores de sucesso.

A inteligência emocional, assim, se revela como a busca de desenvolver entre os seres humanos o **autoconhecimento** e, principalmente, reunir recursos para a tomada de decisões acertadas, prudentes e racionais, posto que as emoções nos acompanham em toda e qualquer situação cotidiana.

A importância das emoções e dos relacionamentos também está presente na abordagem da psicologia positiva, que defende que a estrutura para a felicidade e o bem-estar está baseada em cinco elementos: emoção positiva, engajamento, relacionamentos positivos, propósito e realização. Segundo Seligman, esses cinco fatores ajudam as pessoas a trabalhar na direção de uma vida de realização, felicidade e significado.[103]

Durante as entrevistas no Congresso de Empreendedores Plenos, conheci Sônia Hess, vinda de uma família de dezesseis irmãos, e filha dos fundadores da Dudalina, dona Adelina e seu Duda, a camisaria da cidade de Luiz Alves no interior catarinense, criada em 1957, que se tornou uma marca nacional e internacional.

---

100 BARBOSA, E. Não é o mais forte que sobrevive... **Administradores**. 2 set. 2016. Disponível em: https://administradores.com.br/artigos/nao-e-o-mais-forte-que-sobrevive. Acesso em: 17 jul. 2023.

101 PEREIRA, D. Inteligência emocional na busca da autorrealização. **Meu Artigo**. Disponível em: https://meuartigo.brasilescola.uol.com.br/atualidades/inteligencia-emocional-na-busca-autorrealizacao.htm. Acesso em: 17 jul. 2023.

102 *Ibidem*.

103 MORAES, M. O modelo PERMA e a relação com o bem-estar. **Pós PUCPR Digital**. 1 set. 2022. Disponível em: https://posdigital.pucpr.br/blog/modelo-perma. Acesso em: 17 jul. 2023.

Lendo o livro[104] dedicado à história da família e do negócio Dudalina e conhecendo a Sônia Hess, fica muito claro que seu sucesso tem relação direta com suas **crenças empreendedoras**, as quais, por sua vez, foram fortemente influenciadas pela relação **com seus pais e irmãos**, em um misto de força da mãe, Adelina, e sensibilidade do pai, Duda.

Aos 17 anos, a Sônia teve a oportunidade de morar na Espanha para estudar uma nova tecnologia de confecção têxtil, experimentando um ambiente rico de aprendizagem que teve alto impacto no seu futuro, o que evidencia os *três hábitos ativadores*, nos quais nos aprofundaremos a seguir.

Três hábitos ativadores do capital emocional

Para ativar seu capital emocional, você terá que orbitar e ser vigilante quanto a três fatores: as crenças empreendedoras, a família funcional e um ambiente rico. A partir de agora, vou destrinchar fatores que podem estar te atrapalhando a crescer sem enlouquecer.

Crenças empreendedoras

O tempo dos empreendedores é ocupado em grande parte com busca de resultados gerados por suas ações. As ações são consequências de comportamentos. Lembra que a ONU identificou dez competências empreendedoras? Mas de onde vem esses comportamentos? Estudos sobre inteligência emocional indicam que vêm dos sentimentos que são gerados dos pensamentos que nascem de nossas crenças. Em resumo, nossos resultados são fruto de nossas crenças, que podem ser definidas como o modo como cada pessoa enxerga o mundo e se torna verdade única. A lente com que cada um enxerga o mundo. Se você usa lentes verdes, o mundo será verde; se usa lentes amarelas, mundo amarelo. E isso não quer dizer que o mundo real tenha aquelas cores.

Imagine que todas as competências empreendedoras nascem de alguma crença bloqueadora ou potencializadora que pode afastá-lo ou aproximá-lo dos resultados desejados. Vamos considerar um grupo de crenças que regem a vida financeira da maioria das pes-

---

104 WIERZCHOWSKI, L. **Estrelas fritas com açúcar**. São Paulo: Editora Planeta, 2020.

soas, como mostra Thiago Godoy no livro *Emoções Financeiras*,[105] resumindo 72 crenças em quatro.

1. **Aversão ao dinheiro**: a pessoa acredita que o dinheiro é algo ruim, negativo. Essa crença costuma levá-la a não pensar em dinheiro e a gastar demais, achando nobre viver com menos, porque o dinheiro corrompe. Quem tem esse tipo de crença, no fundo, pode acreditar que não merece dinheiro.

2. **Adoração ao dinheiro**: a pessoa acredita que a chave da felicidade e a solução para todos os problemas é ter mais dinheiro. O pensamento é de que é difícil ser pobre e feliz, que dinheiro é poder.

3. **Status do dinheiro**: quem busca o status do dinheiro tende a vincular o próprio valor a quanto possui. A pessoa tem mais necessidade de exigir e ostentar do que de ter uma vida financeira confortável. Quem valoriza status tende a pensar que os pobres não merecem ter dinheiro, costuma dizer que sua renda é maior do que realmente é e esconde quanto ganha do cônjuge.

4. **Vigilância do dinheiro**: a pessoa está sempre alerta e preocupada com as finanças, acredita que é importante economizar e trabalhar pelo dinheiro com determinação. É menos propensa a dívidas e, em geral, tem melhor saúde financeira, mas pode ter ansiedade e incapacidade de desfrutar dos benefícios do dinheiro. Tende a ficar nervosa se não tem uma boa reserva de emergência.

Desses quatro grupos, as crenças de aversão e status são as mais tóxicas. A aversão mina a autoconfiança e a determinação de ter uma vida financeira independente. O status atrapalha a organização de um padrão de vida adequado às condições financeiras e também a formação de patrimônio ao longo do tempo.

Durante vários anos convivendo com milhares de empreendedores, relacionei as crenças mais comuns de acordo com as dez com-

---

105 GODOY, T. **Emoções financeiras**. São Paulo: Editora Gente, 2023.

petências empreendedoras. Na tabela a seguir, você poderá vê-las divididas entre crenças bloqueadoras e potencializadoras. E agora eu te proponho um exercício: vá marcando os pontos com que você mais se identifica e, ao final, avalie se você tem mais crenças que bloqueiam ou potencializam seu resultado empreendedor.

QUADRO DAS CRENÇAS

COMPETÊNCIA EMPREENDEDORA	CRENÇA BLOQUEADORA	CRENÇA POTENCIALIZADORA
BUSCA DE OPORTUNIDADE E INICIATIVA	( ) O olho do dono é que engorda o gado. ( ) Não existem oportunidades em época de crise. ( ) Preciso manter o legado da família. ( ) As melhores oportunidades estão onde tenho experiência.	( ) Meu trabalho é dar trabalho, o dos funcionários é fazer a empresa funcionar. ( ) Eu aceito e aprendo com novos desafios. ( ) Honro minha família e construo minha jornada. ( ) Crises geram as melhores oportunidades.
BUSCA DE INFORMAÇÕES	( ) As pessoas não vão me passar informações verdadeiras. ( ) Posso conseguir tudo pela internet. ( ) Já conheço muito sobre o assunto.	( ) Descobrir quem pode me ajudar é mais importante do que como. ( ) Pessoas se sentem bem quando compartilham informações. ( ) Se uma pessoa não me deu a informação não é rejeição, foi apenas escolha dela.
CORRER RISCOS CALCULADOS	( ) Não vale a pena investir nisso. ( ) Minha família não é empreendedora. ( ) Já tenho o suficiente, para que passar por isso?	( ) Hoje tomarei excelentes decisões porque tenho plena consciência do que estou fazendo. ( ) Quem não arrisca não petisca. ( ) O medo exclui a ousadia e afasta emoção.
ESTABELECIMENTO DE METAS	( ) Eu não valho tanto assim. ( ) Tenho mais do que mereço. ( ) Está tudo bem, como Deus quer e concede. ( ) E se eu não conseguir?	( ) A pobreza ou escassez é o desafio a ser superado no meu crescimento. ( ) Vivo em abundância e o que recebo a mais posso transbordar. ( ) Não existe fracasso, apenas uma maneira de aprender um caminho para a realização.

CRESÇA E LUCRE SEM ENLOUQUECER

COMPETÊNCIA EMPREENDEDORA	CRENÇA BLOQUEADORA	CRENÇA POTENCIALIZADORA
PLANEJAMENTO E MONITORAMENTO	( ) Não tenho tempo para parar. ( ) Estou me organizando para ter mais tempo. ( ) Na próxima semana eu faço isso.	( ) Eu defino minhas prioridades, não as circunstâncias nem as pessoas. ( ) Eu sou o sim para aquilo que me leva às metas, e digo não para os demais. ( ) Eu faço o que precisa ser feito, gostando ou não.
EXIGÊNCIA DE QUALIDADE E EFICIÊNCIA	( ) O olho do dono é que engorda o gado. ( ) O cliente está sempre insatisfeito. ( ) O cliente não entende a qualidade do meu produto.	( ) Tudo pode ser melhorado sempre. ( ) Quem diz a qualidade é o cliente. ( ) O olho do dono pode ser substituído por processos e sistemas. ( ) Feito é melhor que perfeito.
PERSUASÃO E REDE DE CONTATOS	( ) Gente é um bicho complicado, um mal necessário. ( ) Não vou perder meu tempo ensinando e depois ele virar meu concorrente. ( ) Pessoas me fazem mal, não confio nelas. ( ) Está bom como está! ( ) É muito para mim!	( ) Meu trabalho como empreendedor é dar trabalho aos outros. ( ) Quanto mais gente tenho comigo, mais tenho resultados. ( ) Negócios são feitos de gente! Se não conheço de gente, não conheço de negócios. ( ) Nada é tão bom que não possa melhorar.
PERSISTÊNCIA	( ) Quem trabalha não tem tempo de ganhar dinheiro. ( ) Agora não adianta mais.	( ) De grão em grão, a galinha enche o papo.
COMPROMETIMENTO	( ) Tenho muita coisa para fazer. ( ) Não posso dizer não ao que está aparecendo. ( ) Não tenho tempo para perder com as pessoas.	( ) Tenho uma coisa importante para fazer por vez. ( ) Eu sou sim para o que me leva à meta e não para o que me desvia. ( ) Ganho a cada vez que contribuo com alguém.
INDEPENDÊNCIA E AUTOCONFIANCA	( ) Eu não sou bom suficiente. ( ) Isso é muito para mim. ( ) Parece que tudo dá errado comigo.	( ) Tenho talentos com que posso ajudar aos outros. ( ) Sou um filho amado por Deus. ( ) Antes de amar os outros, preciso me amar primeiro.

Caso você tenha tido um número maior de crenças potencializadoras, é provável que sinta mais disposição para colocar a competência empreendedora específica em ação. Mas basta uma crença bloqueadora pode conduzir você a um bloqueio significativo para o seu crescimento.

Imagine que você tenha a crença de que "funcionários são um mal necessário" ou "não vou perder meu tempo ensinando para depois ele virar meu concorrente", apenas essas duas crenças o fazem se sentir mal ao contratar e treinar sua equipe, e você deve estar experimentando uma equipe sem engajamento e incompetente trabalhando na sua empresa.

Também, pode ser que você tenha percebido que tem um número mais alto de crenças bloqueadoras e esteja se sentindo mal. Lembre-se de que as nossas crenças são construídas em nossa jornada e, principalmente, de maneira inconsciente. O primeiro passo para mudar é tomar consciência. É o que está acontecendo agora. O segundo é buscar pessoas com resultados diferentes dos nossos e identificar suas crenças. O terceiro é começar a experimentar a nova crença. A crença gera experiência, o que gera resultados desejados ou indesejados.

Caso perceba que uma crença não o está ajudando a ter os resultados que deseja, basta começar a reescrevê-la e desfrutar de novas experiências. Crenças são geradoras de experiências boas ou más. Recomendo que faça isso com cada crença bloqueadora que identificou até *sentir* dentro de você que ela não é verdade. Quando a emoção se alinha à razão, você muda de nível.

Família funcional

Olhe para o modelo de família em que você nasceu. Se teve pais ou cuidadores ausentes, pode ter se sentido abandonado; se muito presentes, superprotegido e sem autonomia; se teve irmãos, pode ter experimentado comparações; se não atendia a expectativas na escola, pode ter recebido castigos ou ter presenciado situações de violência física, psicológica ou sexual das quais talvez não se lembre.

Se você é como a maioria dos milhares de empreendedores que conheço, deve ter vindo de uma família disfuncional e talvez tenha até se acostumado a um ambiente abusivo, cercado de vícios que o fizeram se sentir indigno, inseguro, desconfiado e que causaram dificuldades para você expressar suas emoções. Lembre-se de que um adulto é uma criança que cresceu, e toda essa toxicidade que foi aprendida em casa muitas vezes será projetada na vida e nos negócios.

Um ambiente familiar funcional é entendido como aquele local que suporta as angústias de todos os membros, ao mesmo tempo em que movimenta, acolhe. Confesso que, ao longo da vida, conheci poucas famílias com essas características, e se você conviveu em um ambiente assim, considere-se um privilegiado. Você tem uma força que pode ser muito útil para crescer sem enlouquecer.

Mas talvez você ache que isso não tem nada a ver com a sua empresa, mas, como diria Fagner "sentimento ilhado, morto e amordaçado volta a incomodar". Nossos problemas de ordem física, emocional e mental são, em grande medida, fruto de famílias disfuncionais que deixaram feridas que trazemos da infância e podem marcar toda a nossa vida e ainda serem levadas para os negócios. Confira qual delas você pode estar carregando.

1. **Abandono**: esta é, sem dúvida, umas das feridas emocionais que aparecem quando os pais não podem (ou não querem) assumir o papel de figura protetora. Quando chega à fase adulta, a pessoa se revela insegura e emocionalmente dependente. Também é normal que seja solitária e tenha dificuldades para fazer amigos. Como você vai se relacionar com clientes e fornecedores tendo essa sensação?

2. **Rejeição**: ela é dolorosa e, quando sistematizada, acaba criando insegurança. Quando adulta, dificilmente a pessoa se alegrará ou se sentirá satisfeita por suas conquistas, o que dificultará sua relação com os demais em todos as esferas da vida. Sabe aquele empresário que não consegue desfrutar do que realizou na vida e no negócio? Está sempre demandando mais das pessoas e, às vezes, além do limite delas.

3. **Injustiça**: o favoritismo entre irmãos e as diferenças de tratamento em casa e na escola são situações que servem para alimentar a ideia de que a criança não é merecedora da atenção daqueles que a cercam. Está claro que fica difícil construir relacionamentos duradouros partindo dessa visão de mundo. O empreendedor que não se sente merecedor, não recebe e nem desfruta dos ganhos que alcança.

4 Humilhação: seja por situações de bullying ou por um ambiente familiar nocivo, a criança que cresce sendo constantemente submetida à humilhação ficará traumatizada. Esse trauma impactará sobretudo a sua autoestima, deixando-a triste e ansiosa. Como adulto, terá pouca ambição, justamente por não confiar em suas potencialidades. Imagina um empreendedor que não confia em si mesmo? Até onde ele vai conseguir chegar?

5 Traição: promessas não cumpridas são uma atitude aparentemente inocente, adotada pelos pais e responsáveis. Quando afirmações como "se você fizer a lição, te levo no parque" ou "se você raspar o prato, vai poder pedir o que quiser" não se cumprem, está em jogo bem mais que a frustração da expectativa da criança. Você pode ter aprendido a não confiar em ninguém, que o mais seguro é não acreditar, porque assim se evita o sofrimento. Conhece aquele empreendedor que tem que conferir tudo que as pessoas fazem? Ter um negócio demanda controle, mas exige que haja confiança.

Agora imagine que você, em uma intensidade baixa, tenha convivido em uma situação familiar disfuncional ou sente que alguma das feridas emocionais possa ter sido impressa no seu inconsciente em uma única situação (você se perdeu em um passeio familiar e se sentiu abandonado). Isso pode atrapalhar suas relações familiares atuais (cônjuge e filhos) e levar a um processo psicológico chamado de projeção, no qual você transfere suas emoções inconscientes para alguém que represente aquela pessoa geradora de uma determinada dor. É o filho que teve os pais ausentes e/ou a mãe muito exigente e que se torna agressivo e exigente em casa, gerando muito conflito e desperdiçando energia preciosa.

A mesma projeção pode ser levada para seu ambiente de negócios. Situações como se sentir rejeitado ou abandonado porque um funcionário foi para outra empresa, ou traído porque um sócio decidiu abrir outro negócio, ou injustiçado porque acredita que trabalha mais do que o sócio, ou mesmo humilhado porque não tem os resultados que outros empresários do mesmo segmento já alcançaram. Posso afirmar que cada vez mais percebo características fortes de baixa autoestima nos empresários que conheço e com quem convivo. Tais como falta de confiança, reclamações constantes, medo da rejeição, medo de enfrentar desafios, perfeccionismo, falta de autocuidado, autopunição e desvalorização das conquistas.[106]

Talvez você seja um deles, mas é possível que nunca tenha parado para olhar para isso ou mesmo ache que é "mimimi", que você é empresário raiz e não tem tempo para isso. Afinal, é adulto, e essas coisa ficaram para trás.

Reflita um pouco: se você não se sentiu 100% preenchido de amor e cuidado pelos seus pais ou cuidadores é bem possível que tenha encontrado na sua empresa o local em que pode chamar atenção e ser reconhecido por todos ao seu redor e quem sabe se sentir amado como gostaria.

Como diz Fernando Garcia no livro *Empresários no divã*,[107] a vida do empresário vai além das oportunidades de fazer negócios, abrange toda a carga familiar e do ambiente em que ele conviveu. Por isso, recomendo fortemente que você conclua este capítulo e busque um terapeuta ou psicólogo que o ajude a olhar para sua jornada como adulto e fazer as pazes com emoções de sua infância que podem estar controlando suas ações sem você nem se dar conta.

Entre as terapias possíveis, recomendo começar com constelações sistêmicas (familiares e empresariais), pela precisão e rapidez, e depois seguir com outras técnicas. Considero essa ação uma cirurgia emocional.

Ambiente rico

Você já deve ter ouvido aquela frase de que somos a média das cinco pessoas com quem mais convivemos. O meio em que vivemos inevitavelmente influencia nossas ações, pensamentos e sentimentos, e isso se reflete em todas as áreas da vida pessoal e profissional.

Em primeiro lugar, é possível afirmar que a influência do ambiente no processo de aprendizagem de uma criança responde por quase 100% do resultado final desejado,[108] e isso não muda muito ao

---

106 LIMA, G. Conheça os sinais da baixa autoestima. **Psicólogos Berrini**, 1 ago. 2022. Disponível em: https://www.psicologosberrini.com.br/blog/sinais-da-baixa-autoestima-e-como-ela-pode-se--manifestar/. Acesso em: 4 jun. 2023.

107 GARCIA, L. F. *op. cit.*

108 COMO o ambiente influencia na aprendizagem da criança? **Rhema Educação**, 15 mar. 2022. Disponível em: https://blog.rhemaeducacao.com.br/como-o-ambiente-influencia-na-aprendizagem--da-crianca/. Acesso em: 4 jun. 2023.

longo da vida. O que muda é o volume de estímulos que passamos a receber. Se não fosse assim, não haveria tanto investimento em publicidade buscando influenciar nosso comportamento.

Então, o que seria conviver em um ambiente rico? Aqui não se trata apenas de riqueza financeira, mas de tudo que você valoriza e quer alcançar através da convivência com pessoas de seu ambiente pessoal e empresarial. Um ambiente rico de aprendizagem com pessoas que o alimentam com energia para o crescimento. E sabe o que é melhor? Você tem o poder de escolher essas pessoas que vão conviver com você.

Será bem mais simples você começar uma dieta ativadora, fazer exercícios, ler, ficar mais concentrado, cuidar das finanças, controlar emoções, se estiver em ambientes em que as pessoas já façam isso. O mesmo acontece com a sua empresa. Se você tem um ambiente de reclamação, fofoca, conflito, reatividade, é bem provável que esteja fazendo o mesmo e tenha gestores fazendo o mesmo, deixando o ambiente da empresa contaminado.

Selecionar quem faz parte da nossa vida está ao nosso alcance, e, se percebemos que assimilamos rapidamente os gostos e costumes dos nossos amigos, gestores e funcionários, podemos escolher estar perto daqueles que são melhores exemplos. Por outro lado, quando estivermos cercados por pessoas que não cultivam boas ideias e atitudes, poderemos ser o bom exemplo de que elas precisam. Mas tudo vai partir de você aprender a regular suas emoções.

O livro a *Permissão para sentir*[109], de Marc Brackett, apresenta a teoria RULER para regulação das emoções, fundamental para nossa inteligência emocional. **RULER** é um acrônimo:

---

109 BRACKETT, M. **Permissão para sentir**. Rio de Janeiro: Sextante, 2021.

Segundo o autor, essas cinco ações são fundamentais para que possamos tirar o melhor proveito das emoções e ter uma vida mais equilibrada e feliz. Grande parte do trabalho dele tem sido levar essa técnica para escolas, tanto para alunos quanto professores, para que a inteligência emocional se torne uma disciplina básica para aprendermos a lidar com nossas emoções.

Importante lembrar que o termo inteligência emocional diz respeito não a controlar o que vamos sentir, mas a reconhecer como nos sentimos e a partir disso escolhermos conscientemente o melhor caminho para agir. Também é necessário termos clareza de que

Gráfico das emoções – Marc Brackett

Enfurecido	Em pânico	Estressado	Nervoso	Em choque
Exasperado	Enraivecido	Frustrado	Tenso	Atordoado
Irado	Assustado	Zangado	Agitado	Inquieto
Ansioso	Apreensivo	Preocupado	Irritado	Incomodado
Repugnado	Aflito	Receoso	Intranquilo	Invocado
Enojado	Taciturno	Desapontado	Para baixo	Apático
Pessimista	Lerdo	Sem ânimo	Triste	Entediado
Alienado	Infeliz	Solitário	Desanimado	Cansado
Melancólico	Deprimido	Mal-humorado	Exausto	Fadigado
Desesperado	Desesperançoso	Desolado	Extenuado	Esgotado

Alta energia / Baixa energia — Baixo agrado

o outro não é o responsável pelo modo como nos sentimos. Ele pode oferecer um estímulo para determinados sentimentos indesejados, porém temos que assumir a responsabilidade sobre o que sentimos e pela estratégia de lidar com esses sentimentos. Ou seja, expressar o sentimento não é culpabilizar o outro, mas entender como expressar o que precisamos para mudar nosso estado emocional, assumindo nossa responsabilidade nessa estratégia.

Para apoiar as três primeiras ações (reconhecer, compreender e rotular), Brackett nos apresenta o Gráfico das Emoções com quadrantes e sentimentos que podem estar nos impactando.

Surpreso	Positivo	Festivo	Exultante	Extasiado
Radiante	Bem-disposto	Motivado	Inspirado	Eufórico
Energizado	Vibrante	Animado	Otimista	Entusiasmado
Risonho	Concentrado	Feliz	Orgulhoso	Empolgado
Agradável	Alegre	Esperançoso	Brincalhão	Bem-aventurado
À vontade	Pacato	Contente	Amoroso	Realizado
Calmo	Seguro	Satisfeito	Grato	Emotivo
Descontraído	Relaxado	Sossegado	Abençoado	Equilibrado
Gentil	Pensativo	Pacífico	Confortável	Despreocupado
Sonolento	Complacente	Tranquilo	Acolhido	Sereno

←——— Alto agrado ———→

O autor apresenta também algumas estratégias para lidarmos com as emoções depois de as reconhecermos (*recognizing*), compreendermos (*understanding*), rotularmos (*labeling*) e expressarmos (*expressing*), ou seja, justamente para as regularmos (*regulating*). A seguir, você encontrará as estratégias propostas por Brackett para a regulação das emoções.

1. **Respiração consciente**: respirar fundo e se concentrar na respiração de modo a ficar no momento presente e menos reativo ou sobrecarregado com o que estiver acontecendo.

2. **Antecipação**: antecipar algo que causará uma emoção indesejada e se afastar desse fator ou mudar o ambiente/contexto (o que nem sempre é possível).

3. **Desvio de atenção**: mudar o foco de atenção da fonte causadora do sentimento indesejado e se concentrar em outra fonte, como a TV; sair de um encontro estressante; repetir uma frase positiva.

4. **Reenquadramento cognitivo**: ressignificar a fonte causadora da emoção de modo a transformar a percepção sobre o fato. Por exemplo, escolher entender que uma pessoa agressiva pode estar passando por algo não relacionado a você e ela só não sabe como lidar com isso, em vez de só se irritar com ela.

5. **Metamomento**: parar, respirar fundo e agir, depois de um tempo de reflexão, sobre o fato e seus estímulos, de modo a escolher o melhor caminho para lidar com situações emocionais difíceis.

Assim, cabe a cada um compreender qual a melhor estratégia para lidar com as situações, sendo que algumas delas podem ser boas ou não funcionar bem dependendo do modo como é aplicada. Por exemplo, ficarmos constantemente fugindo das situações difíceis pode ser mais prejudicial do que produtivo. De todas as técnicas, a mais indicada pelo próprio autor é o **metamomento**, que costuma apresentar os melhores resultados.[110]

---

[110] PAULA. H. Permissão para sentir de Marc Brackett. **Faberhaus**, 22 ago. 2022. Disponível em: https://www.faberhaus.com.br/permissao-para-sentir/. Acesso em: 4 jun. 2023.

Aos 24 anos, fiz um teste de perfil comportamental que me deixou impressionado pela sua precisão. Nele era ressaltada uma forte característica de dominância que se identifica por palavras como, coragem, determinação, desafios, objetividade, rapidez e foco e, ao mesmo tempo, impaciência, controle excessivo e agressividade.

Sem dúvidas minha energia de trabalho sempre foi muito alta. Alguns adjetivos como "trator" ou "rolo compressor" não eram incomuns, e, no tempo em que atuei como consultor, essa energia alta me levou a resultados e reconhecimento. Por outro lado, quando passei a liderar equipes, algo que só aparecia nos meus relacionamentos pessoais aflorou: muitos ficavam inspirados, porém, não suportavam meu ritmo, fossem subordinados, pares ou superiores. Minha percepção era de que todos eram muito lentos, apesar de terem um alto nível intelectual com experiência em grandes empresas no Brasil e no exterior.

A coisa piorou quando passei a empreender e liderar equipes com baixa escolarização. Era como se eu estivesse a 110 km/h e eles, a 20 km/h. Mesmo assim, cheguei a quase 100 colaboradores em 2014, algumas franquias, uma empresa de consultoria e uma startup. Mas passei a perder bons colaboradores e, aos poucos, a agressividade do dominante passou a irritação, intolerância e chegou ao cansaço e desânimo absoluto.

Esse cenário começou a afetar diretamente a minha relação conjugal e com minhas filhas. Eu me sentia no limite da pressão em todos os meus papéis e sem conseguir gerar resultados. Tudo começou a desmoronar, e eu não sentia que tinha forças para reverter a situação. Pensei em separação, deixar minha casa, sair do Brasil, deixar as empresas e várias outras possibilidades.

Procurei ajuda na terapia de casal, pois havia muitas feridas de nossas famílias de origem e do casal, e tudo isso estava misturado em nosso papel de sócios. Percebemos que tínhamos que redefinir os papéis de cônjuge, pais e empresários se quiséssemos continuar juntos. Nessa época, recebi o diagnóstico da síndrome de burnout: estava com sintomas de depressão e passei a tomar remédios. Meu cérebro estava intoxicado pela química ruim de vários anos de crenças e emoções negativas nos relacionamentos com pais, esposa e, agora, funcionários. Eu tinha me tornado um viciado em criticar, agredir, reclamar, e operava com a ansiedade lá no alto.

Em 2017, mergulhei fundo no tema da inteligência emocional e adotei algumas práticas simples que fizeram muita diferença no meu relacionamento com colaboradores, familiares e na maneira como as pessoas respondiam a mim. Entendi que a minha mudança emocional tinha reflexo direto no meu ambiente.

O lócus interno funciona também para as emoções. Fiz uma revisão de minhas crenças e reprogramei muitas delas, além de ficar muito mais atento aos meus estados emocionais. Experimentei diversas terapias e coach e percebi a importância de me permitir "sentir" nos vários papéis que eu tinha, inclusive de empresário, integrando emoção e razão para melhorar o desempenho cerebral. Eu tinha vivido grande parte da vida concentrado na razão. Era hora de virar a chave e criar novos hábitos emocionais.

No dia 4 de junho de 2018, após uma viagem para a Colômbia com minha esposa, da qual não sabia se voltaria casado ou não, reuni minha equipe e dividi tudo com eles. Eles nunca tinham me visto tão vulnerável, tão humano, com fraquezas como qualquer um. Passei a dedicar tempo para eles procurando ajudá-los na busca das metas individuais, a entender a importância do lócus interno, de atuarmos em todos os papéis de nossa vida e estarmos próximos de pessoas que nos ajudem a evoluir. Me dediquei e cuidei de cada um dos funcionários. Alguns tiveram que sair, outros não entenderam que existe um equilíbrio entre razão e emoção. Hoje, posso dizer que tenho uma equipe nova e que vem amadurecendo emocionalmente, assim como eu. Atualmente, um dos pilares de nossas empresas é **cuidar de pessoas**, e estamos no início dessa jornada.

Conheci um grupo chamado Emocionais Anônimos (EA), que tem um formato parecido com os Alcoólicos Anônimos, e passei a ser voluntário. O EA é uma organização mundial que busca ajudar pessoas que tenha algum tipo de fragilidade ou transtorno emocional: ansiedade, depressão, insônia, TDAH, síndrome do pânico. Percebi que vivemos uma pandemia na qual pessoas de todas as classes sociais ficaram escondidas dentro de si, sofrendo. Essas pessoas podem ser seus funcionários, clientes e fornecedores.

Eu me habituei a fazer constelações empresariais e outras técnicas terapêuticas que ajudam a perceber as crenças que geram experiências indesejadas. Essa prática tem me ajudado a tomar decisões de crescimento que, por sua vez, me ajudam a tomar mais consciência sobre o impacto que exerço nas pessoas e como deixar o sistema mais preparado para prosperar. Isso tem feito muito diferença. Hoje, funcionários das minhas empresas também são incentivados a fazer terapia. O inconsciente tem uma participação maior em nossas decisões. Se você não abrir essa porta é pouco provável que consiga crescer sem enlouquecer. E só você pode abri-la.

Foi através desse mergulho na minha jornada que entendi que boa parte das decisões que tomei eram fruto de uma necessidade de reconhecimento materno e do medo de ficar pobre. Tomar consciência das causas primárias me libertou para reprogramar crenças empreendedoras, tornar minha família atual mais funcional e enriquecer meu ambiente pessoal e empresarial com pessoas que queriam desenvolver seu potencial.

Cada empreendedor terá um *capital* que precisa ser mais desenvolvido para potencializar o efeito dos outros três. No meu caso, o capital emocional teve uma importância significativa, pois eu estava muito vulnerável, e pude transformar estados químicos tóxicos em estados de prazer (serotonina), motivação (dopamina) e bem-estar (endorfina) através da ativação física, das ferramentas de redução do risco e de planejamento e hábitos emocionais mais positivos. Você não precisa passar o resto da sua vida tomando remédios para ansiedade, depressão e outros sintomas se tomar a decisão que eu tomei.

É possível que você também tenha guardado algum vício emocional inconsciente que esteja atrapalhando o seu crescimento. Nos programas CSE, encontro empresários que estão viciados em controle, perfeccionismo, crítica, reclamação, irritação, intolerância, procrastinação, culpa, vergonha, avareza, necessidade de reconhecimento, impulsividade, ansiedade, que também refletem em bebida, pornografia, drogas ilícitas, remédios, relações tóxicas, e parece que todos eles estão viciados em trabalhar obcecadamente e escondem uma baixa autoestima.

Espero ter deixado muito claro a importância de **como** e com **quem** você vai querer avançar para aproveitar as oportunidades de crescimento. É muito comum vermos empreendedores com muita iniciativa, mas pouca acabativa. Isso indica um cérebro (límbico) que ainda não consegue dominar seus impulsos. Um CPF (córtex pré-frontal) imaturo e aprisionado em padrões inconscientes, mas presente em crenças bloqueadoras nascidas em famílias disfuncionais e ambientes inadequados, que fazem com que DECISÕES enfraqueçam a energia necessária para a EXECUÇÃO e afastem as metas na vida e nos negócios.

Disciplina é dizer não agora em troca de uma expectativa de ganho maior ou melhor no futuro. É desenvolver uma relação intra e interpessoal que fortaleça suas escolhas na vida pessoal e nos negócios. Lembre-se que 95% das nossas decisões estão em nosso inconsciente e, como disse Jung, "Até você se tornar consciente, o inconsciente irá dirigir a sua vida e você vai chamá-lo de destino".[111]

---

[111] CAVALETE, F. *op. cit.*

DISCIPLINA É DIZER NÃO AGORA EM TROCA DE UMA EXPECTATIVA DE GANHO MAIOR OU MELHOR NO FUTURO.

📷 empreendedor.pleno

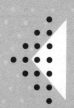

Capítulo 8

MANTENDO A CONEXÃO com a fonte certa para CRESCER SEM ENLOUQUECER

Muitos empreendedores começam a empreender por necessidade, e isso já carrega um peso. Quanto mais cedo alinhar o **porquê** de você ter um negócio à sua **vocação** (dons e talentos em favor do serviço), mais cedo sentirá a energia sobrenatural que o torna imparável em qualquer meta que decida empreender.

Foi comprovado cientificamente que cultivar autoconsciência, humildade, compaixão e propósito, aliando a ferramentas como meditação, atenção plena e gratidão, gera uma química positiva e imediata no nosso cérebro.[112] Vários desses elementos são atribuídos à inteligência espiritual e podem mudar o sentido que empreender tem na sua vida.

O *capital espiritual* surge dessa inteligência espiritual que nos leva a perceber que existe uma **conexão** poderosa nossa com algo maior, com as **PESSOAS** e com o mundo. É uma **consciência de unidade** que aumenta nossa responsabilidade, mas também nos liga a

---

112 JUSTINIANO, M. **A Psicologia Positiva na formação do psicólogo**: o ensino da ciência do bem-estar por meio de recursos educacionais digitais. 2023. 152 f. Dissertação (Mestrado) - Curso de Ensino de Ciências e Saúde, Universidade Anhanguera, São Paulo, 2023.

uma fonte de energia forte, que é bastante usada e pouco revelada pelos empreendedores plenos.

No Congresso de Empreendedores Plenos, entrevistei Chieko Aoki, fundadora da rede de Blue Tree e do grupo Mulheres do Brasil. Ela tem uma jornada extraordinária de reconstrução pessoal e profissional que começou quando veio com os pais para o Brasil. Mas o que mais impressionou foi ela trazer várias situações práticas de negócio alinhadas à espiritualidade.

Segundo Chieko, no Japão, sob influência do budismo, a espiritualidade tem grande relevância. "Há muito foco na espiritualidade no mundo oriental", declarou. Isso se traduz em preocupação com o servir bem, o fazer as pessoas se sentirem bem. É um conceito que a empresária adota em seus empreendimentos hoteleiros.[113]

Acesso o QR code e desfrute da entrevista completa com a Chieko Aoki.

Passo 10: use a fonte certa para superar os desafios

Você já sabe que obstáculos empresariais e pessoais fazem parte do dia a dia. Saber que emoções alavancam ou minam suas forças é um diferencial dos empreendedores de sucesso. Então, **o que mais você precisa fazer para atingir a sua meta?**

Cada vez que se vir distante dela, você precisa mudar de caminho, sacrificar algo relevante e concentrar energia extra para superar o obstáculo que surge. Além da energia, é importante identificar a competência empreendedora que você não explorou o suficiente, a trava emocional ou hábito que podem estar impedindo você de aplicar essa competência e, a partir daí, acionar intencionalmente a emoção/sentimento/sensação que pode destravar essa competência.

É importante entender que todas as emoções/sentimentos/sensações têm o poder de nos movimentar, afinal, emoção é energia em movimento. Caso perceba que ainda está se sentindo travado, é a hora de buscar energia extra através de práticas de orientação comuns às principais tradições espirituais.

---

[113] CHIEKO Aoki: a imigrante japonesa que virou dama da hotelaria no Brasil. **InfoMoney**. Disponível em: https://www.infomoney.com.br/perfil/chieko-aoki/. Acesso em: 4 jun. 2023.

A tabela a seguir merece uma reflexão mais concentrada. Pense em uma situação específica em que você não estava no caminho certo para atingir uma meta, busque a trava e identifique a emoção associada. Lembre-se de que existem milhares de emoções a serem experimentadas. Vou usar um exemplo meu.

COMPETÊNCIA EMPREENDEDORA: persistência.

Situação: um colega de turma que se dedicava exclusivamente ao mestrado afirmou que eu não terminaria a dissertação, pois não tinha como um aluno casado, com filha pequena, que trabalhava viajando e ainda perdia aulas atingir esse objetivo.

Trava: eu estava me vitimizando diante da quantidade de atividades e do prazo para a conclusão do curso.

Emoção ativadora: senti uma raiva profunda dele e de mim por estar naquela situação.

Orientação espiritual: eu tinha esperança de que no final tudo daria certo.

Ações: pedi ferias antecipadas de duas semanas; fui para uma casa sem TV e sem pessoas; dediquei de catorze a dezesseis horas por dia, ao longo de 15 dias, para escrever a dissertação, e a entreguei no prazo.

Resumindo: a partir da situação em que não se está próximo de atingir ou já não atingiu a meta, você vai:

1. identificar a(s) competência(s) que ainda ou não explorou;
2. avaliar a trava, que pode ser física ou intelectual, mas que em grande parte é emocional;
3. explorar a emoção/sensação/sentimento adequada para a situação;
4. alinhar com a orientação espiritual que vai potencializar essa emoção.

Veja a seguir o quadro que o ajudará a identificar esses elementos e torná-lo mais consciente nas situações em que precise de mais energia para superar obstáculos e desafios na direção de sua meta:

COMPETÊNCIA EMPREENDEDORA	EMOÇÃO/ SENTIMENTO/ SENSAÇÃO	TRAVAS/ HÁBITOS	ORIENTAÇÃO ESPIRITUAL
1. Busca de oportunidades e iniciativas	alegria gratidão	reclamação	esperança
2. Busca de informações	presença	vergonha preguiça arrogância	humildade
3. Correr riscos calculados	medo	crítica julgamento	coragem
4. Estabelecimento de metas	merecimento	vitimização ingratidão	fé perdão
5. Planejamento e monitoramento sistemáticos	liberdade	ansiedade impulsividade procrastinação improviso	autodomínio / semeadura
6. Exigência de qualidade e eficiência	empatia	controle perfeccionismo avareza	diligência / desapego
7. Persuasão e rede de contatos	amor	vergonha reatividade	dar e receber
8. Persistência	raiva	vitimização ingratidão	esperança fé
9. Comprometimento	aceitação	reclamação obsessão	amor incondicional
10. Independência e autoconfiança	tristeza plenitude	culpa baixa autoestima	confissão identidade

De fato, meu colega acabou me ajudando, pois, naquele momento, se eu continuasse da maneira que estava, provavelmente não teria entregado a dissertação do mestrado. Perceba também que a emoção da **raiva**, que muitas vezes faz você e as pessoas ao redor se sentirem mal, pode ser direcionada de modo construtivo, principalmente quando está alinhada a uma orientação espiritual.

Muitas vezes, reprimimos emoções importantes que nos cobram um preço alto. Jung nos mostra que existe uma força psíquica poderosa armazenada no que ele chamou de sombra, que, de um modo mais simples, pode ser definida como aquele lado da personalidade que acolhe instintos que insistimos em controlar, como a raiva, o ódio e a inveja, entre outros.[114] Assim, o que rejeitamos em nós mesmos pode vir à tona em algum momento: pensamentos, emoções e impulsos que são dolorosos, vergonhosos ou tóxicos demais para aceitar. É fundamental combater o sentimento de culpa por perceber nosso lado sombrio, uma vez que ele também faz parte de nosso ser.

"Aquilo que rejeitamos ou não admitimos em nós mesmos também costuma ser projetado nos outros", é o que afirma a psicóloga e psicanalista Gabriela Malzyner.[115] Perceber que as queixas que temos das pessoas mais próximas são simplesmente formas do inconsciente de nos lembrar que precisamos aceitar esses traços em nós mesmos pode ser um exercício libertador. Gosto muito do ditado "aceita que dói menos". Isso me ajuda a entender que estou em constante descoberta e progresso.

Hoje, tenho consciência que o desejo de ser o Tio Patinhas escondia o medo da pobreza e dos conflitos familiares que estavam escondidos na minha sombra. Essa energia psíquica foi útil, mas estava me aprisionando. Por isso, acolho o "pão-duro" presente na sombra e posso lidar melhor com as situações. Não surto mais porque esqueceram a luz acesa, ou com uma despesa que foi feita de maneira diferente da que eu faria. Continuo sentido incômodo por achar um desperdício (sombra), mas apago a luz, ou defino novo procedimento para a despesa. Isso mantém meu nível de energia alto e me ajuda a lidar com os obstáculos diários. Me ajuda a persistir.

Mas será que existe um momento de parar de persistir? Parece bonito quando vemos empreendedores que venderam tudo, ficaram na pindaíba e deram a volta por cima. Mas não se fala daqueles que foram além das suas condições e perderam dinheiro, família, saúde física e emocional e não tiveram forças para continuar, alguns pensaram em tirar ou tiraram a própria vida.

No capítulo anterior, apresentei os quatro grupos de crenças financeiras, muitas delas estão escondidas em sua sombra e o fazem agir como um robô. Quando se trata de dinheiro, vejo que muitos

---

114 CAVALE. F. *op. cit.*

115 NORONHA. H. Todos temos um 'lado sombra' da personalidade: o que é e como lidar com ele. **Periscópio**. Disponível em: https://sites.usp.br/psicousp/todos-temos-um-lado-sombra-da--personalidade-o-que-e-e-como-lidar-com-ele/. Acesso em: 18 jul. 2023.

empreendedores fogem de olhar para suas contas e as do negócio e acabam perdendo empresa, patrimônio, família e saúde por causa dessa decisão. Não criam um fluxo de caixa e não sabem quando acelerar ou desacelerar. Talvez isso esteja acontecendo com você. O diagrama a seguir mostra os cinco passos para sair do ciclo vicioso em que você entrou.

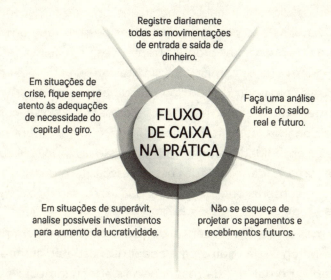

Entendido esses passos, faça o seguinte:
- separe receitas e **despesas pessoa física (PF)** de **pessoa jurídica (PJ)**;
- descreva ($) **receitas** e **despesas** mensais;
- selecione três despesas para **reduzir**;
- priorize três ações para aumentar **receitas/vendas**.

Se isso parecer simples para você: parabéns! Você está em um grupo pequeno que aprendeu a usar o fluxo de caixa de maneira consciente e não deixa que suas decisões de manter ou não o negócio sejam guiadas por crenças que habitam sua sombra. Mas se percebeu que está apostando apenas na fé para superar seus obstáculos, lembre-se de que "a fé sem obras é morta" (Tiago 2:26). A fé e esperança são forças ativadoras poderosas, mas precisam de sua ação. Se quer saber até onde persistir, crie seu fluxo de caixa e/ou tenha alguém para te ajudar a fazer isso.

Passo 11: comprometa-se como protagonista do seu sucesso

Conheci vários empreendedores que culpam funcionários, localidade, governo, família pelos seus baixos resultados. A maioria deles se move pela necessidade de sobrevivência e ficam obcecados em gerar riqueza para si e para suas famílias. Muitos reclamam da falta de comprometimento de suas equipes que só trabalham pelo salário, que seus clientes só sabem pedir descontos e fornecedores só querem vender e não percebem que essas pessoas repetem o mesmo padrão de priorizar as próprias transações financeiras. Talvez conheça alguém que se comporte assim, talvez seja até você mesmo. Eu agi desse jeito por muito tempo, guiado pela sombra.

Acontece que negócios são feitos **por** pessoas (você), **com** pessoas (funcionários, parceiros, sócios e fornecedores) e **para** pessoas (clientes e comunidade), e se tratarmos pessoas como coisas, a recíproca se torna verdadeira. Todas essas pessoas têm desejos, medos, frustrações, sombras que, na maioria das vezes, são inconscientes – inclusive você.

Falamos sobre a importância de conhecer o nível de maturidade e competência da equipe para poder usar estratégias, direcionar, treinar, apoiar e delegar da maneira mais adequada para executar os planos e procedimentos que você definiu. Agora vamos dar mais um passo: você vai mostrar na prática que seu comprometimento vai além de pagar os salários da equipe.

O nome disso é feedback, e, se for feito do jeito certo, pode ser uma expressão de alguém que deseja ajudar o outro a melhorar e que há uma aceitação incondicional da pessoa, independentemente do resultado. Entenda: pessoas têm necessidade de se sentir amadas e muitas das que estão com você vieram de famílias disfuncionais e não sabem o que é isso.

Além da disposição verdadeira de ajudar e da aceitação da pessoa, premissas que vêm antes da técnica, reflita sobre esses outros pontos:

- a **qualidade de qualquer relação** depende da quantidade/qualidade de feedback que se recebe;
- a **cordialidade** é um feedback de grande valor para pessoas (funcionários, amigos ou familiares);

- o **contato visual** é um tipo de feedback que demonstra o grau de importância dado à pessoa;
- algumas pessoas **demandam mais** feedback que outras;
- não negue feedback; isso seria uma espécie de **castigo psicológico**.

Agora vamos a uma técnica poderosa chamada "COIN", que em inglês que dizer "moeda". Convido você a fazer esse depósito com mais constância para aumentar o saldo de comprometimento de sua equipe.

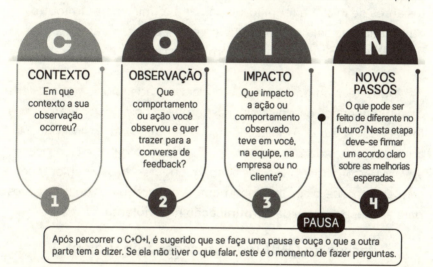

A seguir trago um exemplo de como você pode utilizar a COIN no dia a dia do seu empreendimento.

Problema observado: colaborador tem chegado atrasado às reuniões de equipe.

C (contexto) = reuniões da equipe.

O (observação) = a pessoa X vem chegando atrasada, você já observou atrasos de quinze minutos nas reuniões de segunda, nas últimas três semanas.

I (impacto) = ao chegar atrasada, essa pessoa perde o início da reunião, quando é definida a pauta, e não pode contribuir com assuntos de sua responsabilidade. Além disso, atrasos não são o tipo de conduta esperada na equipe, pois, ao atrasarmos, perdemos eficiência pessoal, ao mesmo tempo em que também podemos comprometer a eficiência da equipe.

Exemplos de perguntas que podem ser feitas na **PAUSA**:
- Qual a sua opinião sobre o que expus até agora?
- O que você gostaria de falar neste momento?
- Como você está ouvindo o que estou colocando?
- Que tipo de acordos poderíamos fazer para que as melhorias desejadas aconteçam?

N (novos passos) = vai depender do diálogo e da análise da causa raiz do problema. Pode-se combinar, por exemplo, chegar 5 minutos antes de iniciar a reunião, ou passar a reunião para um outro dia ou horário que seja mais viável para essa pessoa, ou ainda a pessoa ter de rever hábitos que fazem com que se atrase.

Outra técnica poderosa que pode ser usada não só nas relações com funcionários e familiares, mas também com sócios, parceiros e fornecedores é a comunicação não violenta,[116] principalmente para aqueles que tendem a perder a paciência e deixar que as emoções ativem reações agressivas que acabam quebrando os vínculos e, consequentemente, o comprometimento. Veja a seguir os quatro passos para aplicar a técnica da **comunicação não violenta**:

Passos da CNV (comunicação não violenta)

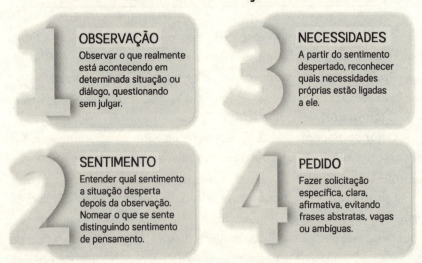

1 OBSERVAÇÃO
Observar o que realmente está acontecendo em determinada situação ou diálogo, questionando sem julgar.

2 SENTIMENTO
Entender qual sentimento a situação desperta depois da observação. Nomear o que se sente distinguindo sentimento de pensamento.

3 NECESSIDADES
A partir do sentimento despertado, reconhecer quais necessidades próprias estão ligadas a ele.

4 PEDIDO
Fazer solicitação específica, clara, afirmativa, evitando frases abstratas, vagas ou ambíguas.

---

[116] ROSENBERG, M. **Comunicação não violenta**. São Paulo: Editora Ágora, 2021.

Exemplo: Fernando (sócio), quando você fez um comentário sobre eu não estar cumprido meu papel na sociedade (*observação*), eu me senti diminuído e irritado (*sentimento*) porque preciso sentir que sou respeitado e que a equipe nos admira da mesma maneira (*necessidades*). Você poderia me chamar para conversar em particular quando o meu desempenho não estiver de acordo com o nosso combinado? (*pedido*).

Perceba que na comunicação não violenta existe um espaço de vulnerabilidade para você deixar claro como está se sentindo. Um lado que poucas vezes é exposto porque parece que, nos negócios, emoções não podem ser sentidas. Depois, há um pedido objetivo, em vez de acusações e reclamações, que permite ao outro decidir se quer contribuir com a solução.

Perceba como a ação ou pedido estão direcionados para o esclarecimento da situação e para uma ação combinada que tende a aumentar o comprometimento da outra parte, pois existe intenção genuína de melhorar a situação, aceitação da pessoa e também vulnerabilidade. E se ao final houver espaço para um abraço de agradecimento pelo momento, você ainda vai estar liberando ocitocina, que é carinhosamente chamada de hormônio do amor.

Passo 12: alcance a independência através de sua identidade empreendedora

Acredito que criar cada vez mais lucro na empresa significa que o que estamos vendendo está gerando valor para clientes pagantes e que funcionários, fornecedores e governo estão recebendo a parte que lhes cabe na construção desse valor. Portanto, você é o maior responsável pelo lucro ou prejuízo da sua empresa. E quanto mais consciente estiver de que suas decisões têm efeito sobre o que faz o lucro aumentar, mais autoconfiante você vai se sentir.

Alguns empreendedores não crescem por insegurança de experimentar o desconhecido. Mas quanto mais se progride na jornada, mais independência e autoconfiança se tem. Agora você entenderá como sua jornada pessoal o levará a atingir a independência que tanto busca.

O desejo de independência financeira me mobilizou por muito tempo, mas, quando cheguei nela, percebi que a independência verdadeira não está no quanto você acumula, mas sim em como você se percebe pelo que é, e não pelo que **tem** ou **faz**. Ter dinheiro, uma empresa, funcionários, reconhecimento, saúde, família, amigos é muito bom, mas tudo isso pode desaparecer, e talvez sua vida perca o sentido. O grande tesouro e fonte de energia praticamente ilimitada está na combinação de autoconfiança com autoestima.

A autoestima se refere ao quanto uma pessoa aprecia a si mesma. A autoconfiança se refere à percepção de ser capaz na realização das mais diversas atividades.[117] É possível atingir resultados excelentes apenas com autoconfiança, mas é pouco provável que se consiga atingir resultados e ser feliz sem autoestima.

Vamos começar pela autoconfiança. Imagine que você está inseguro de suas capacidades e habilidades para atingir uma meta. O que vai acontecer é que o disparador de medo do cérebro vai funcionar a todo vapor e, de acordo com o Gráfico de Flow, você deve se sentir muito ansioso.

Para reduzir isso, é necessário que você reconheça suas habilidades já testadas de maneira consciente. Faça isso com três conquistas que já teve em sua jornada pessoal ou profissional e pense nas três ações que foram fundamentais para alcançá-las, a partir daí, busque associar aos talentos (habilidade, atitude, hábitos, recursos) que utilizou. Vou dar exemplos da minha jornada.

CONQUISTA 1: MORAR FORA E APRENDER INGLÊS

- Ação 1: pedir demissão de empresa estável (coragem);
- Ação 2: priorizar os estudos do idioma em vez de festas (disciplina);
- Ação 3: buscar empresa especializada para montar programa (método).

---

117 ALVES. M. Autoconfiança. **Psicólogos em São Paulo**. Disponível em: https://www.marisapsicologa.com.br/autoconfianca.html#. Acesso em: 4 jun. 2023.

CONQUISTA 2: INDEPENDÊNCIA FINANCEIRA

- Ação 1: acompanhar mensalmente o progresso para a meta (disciplina);
- Ação 2: estudar sobre independência financeira (método);
- Ação 3: abrir quatro franquias no segmento de educação (coragem).

CONQUISTA 3: ESCREVER MEU PRIMEIRO LIVRO (este que você está lendo)

- Ação 1: contratar mentoria da Editora Gente (método);
- Ação 2: definir meta de sessenta dias com escrita diária (disciplina);
- Ação 3: compartilhar diariamente os progressos nas redes sociais (comprometimento).

Perceba que **coragem** e **disciplina** e o uso de um **método** aparecem duas ou mais vezes, e **comprometimento** aparece pelo menos uma vez. Esses talentos que usei em conquistas importantes posso usar em qualquer outra situação. Certamente você tem os seus. Experimente seus talentos e aumente sua autoconfiança.

Agora é hora de entender um pouco mais sobre como o capital espiritual pode te ajudar nessa jornada.

Capital espiritual: acesse a fonte primária da energia dos empreendedores plenos

O ser humano é essencialmente um ser espiritual, condição que ele mostra quando faz a si mesmo três perguntas fundamentais: "quem sou?", "de onde vim?" e "para onde vou?". "Ser espiritual" é que nos estimula quando procuramos dar à vida um significado "ao ser criativo" – ao ser o cocriador que está na essência do empreendedor.

A busca por essas três respostas amplia o nível de consciência das pessoas há milênios. O "ponto Deus" como centro espiritual interno entre conexões neurais nos lobos temporais do cérebro (já estudado pelo neuropsicólogo Michael Persinger e pelo neurologista Vilayanu

Ramachandran) não prova a existência de Deus, mas demonstra que o cérebro evoluiu para fazer "perguntas finais", ao perceber valores mais amplos, usando-se da sensibilidade e da criatividade humanas associadas a uma alta inteligência espiritual.[118]

A inteligência espiritual é usada pelo homem em várias formas de criatividade. Por exemplo, quando ele necessita se tornar mais flexível – menos neurótico e menos agressivo –, procedendo espontaneamente de maneira mais equilibrada, ou em situações que o permitem lidar melhor com sofrimento, como nas doenças. Portanto, é a inteligência espiritual que dá ao ser humano a capacidade de lidar com seus problemas existenciais, conferindo-lhe o profundo sentido do que significam "as lutas da vida", auxiliando no sentido de direção; na identificação do seu **propósito.**

O trabalho do neurologista e antropólogo Terrance Deacon sobre a linguagem e a representação simbólica[119] demonstra que a pessoa usa a inteligência espiritual para desenvolver o seu cérebro, ao instalar ali a fiação necessária para que ela se torne e mostre de fato quem é, fornecendo ao seu cérebro mais potencial para uma nova fiação, que a auxilia cada vez mais em seu **crescimento** e em sua **transformação**.[120]

A física e filósofa do MIT/Havard Danah Zohar, criadora e disseminadora do tema da inteligência espiritual (QS) e do **capital espiritual**,[121] defende que, diante das mudanças sociais e de consciência das pessoas, as empresas e líderes precisam entender e aplicar os *doze atributos da espiritualidade* para cumprir seu papel dentro da sociedade. São eles: autoconsciência, humildade, autonomia, espontaneidade, disposição para mudar, questionamento dos porquês, uso positivo da adversidade, vocação, holismo, valorização das diferenças, visão/valores e compaixão.

---

118 SILVA, F.; SILVA, R. Spirituality and transcendence: reflections about nursing careless in the age of technology. **Revista de enfermagem UFPE On Line**. v. 4, n. 3, p. 1180, 2010. Disponível em: https://periodicos.ufpe.br/revistas/revistaenfermagem/article/download/6276/5523. Acesso em: 18 jul. 2023.

119 DEACON, T. **The symbolic species**: the co-evolution of languague and the brain. EUA: W. W. Norton & Company, 1998.

120 TANURE, A. Inteligência espiritual. **Pegasus Portal**. Disponível em: http://pegasus.portal.nom. br/inteligencia-espiritual/. Acesso em: 18 jul. 2023.

121 ZOHAR, D.; MARSHALL, I. **QS**: inteligência espiritual. Rio de Janeiro: Viva Livros, 2017.

Fernando, personal trainer e sócio de uma academia com mais duas irmãs e a mãe, já havia passado dos 50 e, mesmo sendo referência em educação física, passou a vida em uma situação financeira limitada e de muito trabalho, que foi agravada durante a pandemia. Na mesma época, participou da nossa mentoria e identificou uma nova oportunidade de negócios, reestruturou as despesas familiares, quitou dívidas de anos e em seis meses dobrou sua receita em plena pandemia.

Depois desse período, aproveitou uma nova oportunidade na venda de produtos saudáveis e assumiu o comando da academia com muita disposição para crescer. Apesar das questões financeiras e conflitos na gestão familiar, fazia algum tempo que Fernando tinha se identificado fortemente com sua crença religiosa e estava sempre ativo individual ou coletivamente em ações solidárias, inclusive envolvendo a empresa.

Não era incomum encontrá-lo em momentos de oração, reforçando a sua fé e com uma clareza muito grande de que seu trabalho como educador físico era um propósito de ajuda aos outros, além de uma maneira de prosperar financeiramente. A prática da oração estava aumentando sua persistência, comprometimento e autoconfiança para continuar a jornada.

Importante deixar claro que não há problema nenhum em não seguir uma tradição religiosa. A ciência já nos ajudou a identificar as práticas que vão gerar benefícios para o cérebro de quem quer crescer sem enlouquecer.

Três hábitos ativadores do capital espiritual

Nossa sociedade é naturalmente agitada, e o empreendedor normal tem uma ligação constante com o ambiente externo, está sempre na correria, reagindo a estímulos da vida pessoal e dos negócios. Mas até que ponto isso o ajuda a atingir seus objetivos? Existem práticas com benefícios poderosos para a saúde do cérebro e para o aumento da energia e que podem ser utilizadas independentemente de se ter ou não uma crença religiosa. Neste momento vou mostrar a vocês a importância da introspecção intencional, do serviço desinteressado e de alinhar identidade a um propósito maior.

Introspecção intencional

Que tal começar simplesmente com a prática do **silêncio intencional**? Pessoas expostas a ruídos constantes possuem não só os problemas cardíacos e de sono, mas uma alta liberação de cortisol. Esse hormônio em excesso é conhecido por ser responsável pelo aumento do risco de diabetes, hipertensão arterial, depressão, dificuldade na perda de peso e, em casos mais extremos, atrofias musculares. Abaixar os volumes, cortar os ruídos, encontrar a paz no que não é dito. Estar em um quarto somente se concentrando na imensidão do nada, ouvindo somente os pensamentos internos, e intensificando a conexão e percepção do mundo ao redor.[122]

Você já se emocionou e teve a sensação de que estava recebendo um presente ao ver o sol nascer ou se pôr? Ao ver uma criança brincando, um pássaro voando, a vastidão do mar, as estrelas e situações que ocorrem no seu cotidiano e que passam desapercebidas ou uma obra como o Cristo Redentor ou as pirâmides do Egito? Isso é resultado da segunda prática de introspecção, a **contemplação**, que, segundo o professor de Psicologia Positiva Dacher Keltner, acontece quando nos conectamos a algo grandioso e/ou que excede nossa compreensão. Esse estado também traz benefícios reais para termos mais disposição:[123]

- melhora o seu humor e aumenta a satisfação com a vida;
- pode ajudar você a ser mais saudável;
- desenvolve o pensamento crítico;
- auxilia na diminuição do materialismo;
- faz você se sentir menor e mais humilde;
- dá a sensação de que se tem mais tempo;
- estimula a generosidade e a cooperação;
- aumenta a sensação de conexão com outras pessoas e com a humanidade.

---

122 OS BENEFÍCIOS que o silêncio pode te proporcionar. **Plenae**. 30 mar. 2020. Disponível em: https://plenae.com/para-inspirar/os-beneficios-que-o-silencio-pode-te-proporcionar/#. Acesso em: 4 jun. 2023.

123 RODRIGUES, P. A contemplação pode tornar sua vida melhor: entenda como. **Psicoterapia e afins**. Disponível em: https://www.psicoterapiaeafins.com.br/2022/02/21/a-contemplacao-pode-tornar-sua-vida-melhor-entenda-como/#. Acesso em: 4 jun. 2023.

MANTENDO A CONEXÃO COM A FONTE CERTA PARA CRESCER SEM ENLOUQUECER

Você também pode experimentar a meditação ou atenção plena entre as várias técnicas. Algumas orientam a manter a atenção na respiração que é nossa maior conexão com o momento presente e com a vida, reduzindo os pensamentos depressivos em relação ao passado, e os ansiosos em relação ao futuro. Essa prática vem sendo fortemente disseminada nos últimos anos e diversos estudos apontam os benefícios da **meditação**, tais como:

- redução de estresse;
- diminuição de sintomas depressivos;
- controle da ansiedade;
- potencialização do autoconhecimento e da autoestima;
- desenvolvimento do foco nas atividades;
- redução da perda da memória;
- ampliação das emoções positivas;
- redução de vícios;
- melhora do sono;
- benefícios em relação a doenças crônicas.

A meditação é uma prática acessível, não necessita de equipamentos e você pode buscá-las de maneira gratuita, por meio de aplicativos, vídeos no YouTube, grupos presenciais e virtuais, entre outros.[124]

Essas práticas geram no cérebro efeitos semelhantes aos da prática da oração. Segundo estudos de cientistas da Universidade Duke, o exercício da fé reduz o estresse psicológico e faz com que os praticantes vivam, em média, de sete a catorze anos a mais do que as demais pessoas que não têm esse hábito.[125]

Se você vive no módulo acelerado e tem vida corrida, talvez não se imagine desenvolvendo algum desses três hábitos e ainda a prática da oração. Mas o desafio não é diferente de iniciar uma atividade física. E por falar nisso, é muito comum, quando estou em minhas

---

124 PIRES, J. Os benefícios da meditação para a saúde física e mental. **Instituto Federal do Rio Grande do Sul**, 8 abr. 2020. Disponível em: https://ifrs.edu.br/caxias/os-beneficios-da-meditacao-para-a-saude-fisica-e-mental/. Acesso em: 4 jun. 2023.

125 7 BENEFÍCIOS da oração diária para a saúde mental e física. **Estado de Minas**, 23 fev. 2023. Disponível em: https://www.em.com.br/app/noticia/saude-e-bem-viver/2023/02/23/interna_bem_viver,1460921/7-beneficios-da-oracao-diaria-para-a-saude-mental-e-fisica.shtml. Acesso em: 4 jun. 2023.

corridas matinais na praia, eu experimentar silêncio, contemplação, meditação e oração. Ativação física e espiritual logo no início do dia me prepara para enfrentar os obstáculos que fazem parte da jornada empreendedora.

O melhor é que nenhum desses hábitos ou práticas têm contraindicação, podem ser usados sequencialmente e respeitam as crenças e os limites de cada um. Como benefício adicional, ajudam a aumentar nossa capacidade de nos conectar conosco, com outras pessoas e com o que você entender sobre algo maior ou a quem chamo de Deus.

Serviço desinteressado

Vou fazer uma pergunta e quero que você seja bem sincero na resposta. Qual o motivo de sua empresa existir?

Talvez a resposta mais incomum seja servir à sociedade. Mas, pense comigo: uma sociedade é formada por pessoas, pessoas têm desejos e necessidades e estão dispostas a pagar um valor para serem atendidas, ou seja, você vende para atender uma necessidade ou desejo de um nicho da sociedade, sua empresa só serve se servir a esse nicho. Isso quer dizer que ela não nasceu para servir ao seu desejo de independência financeira – pode até ser que isso aconteça se você seguir os preceitos deste livro –, mas sua empresa precisa **servir**. E se você não aprendeu a lição e acredita que todo ganho é para você, como vai conseguir fazer isso? Relembre a jornada da Chieko Aoki e veja que a principal filosofia do Blue Tree é o servir ao cliente, filosofia essa que ela trouxe da cultura japonesa e de suas bases budistas.

Mas a realidade é que muitos empreendedores não agem assim. Ouvi algumas vezes o ditado "farinha pouca, meu pirão primeiro" ser repetido, o que guarda uma crença profunda de escassez. Na visão do pesquisador Adam Grant, autor do best-seller *Dar e receber*,[126] existem três tipos de pessoas: as **tomadoras**, as **compensadoras** e as **doadoras**.

- As **tomadoras** são aquelas que buscam aproveitar o máximo possível dos outros, sem se importar se isso vai ser benéfico para alguém, além de para elas mesmas.

---

126 GRANT, A. **Dar e receber**. Rio de Janeiro: Sextante, 2014.

- As **compensadoras** ajudam os outros esperando algo em troca; são as mais comuns no âmbito profissional.
- As **doadoras** agem "quando os benefícios para os destinatários superam os custos pessoais".[127] Pessoas doadoras ocupam o topo da escala do sucesso, assim como a base. Em outras palavras, as pessoas mais bem-sucedidas são doadoras, assim como as mais fracassadas. A diferença está nesta citação "Ajude com generosidade sem pensar na retribuição; mas também peça com frequência, sempre que precisar".[128]

Você enriquecerá sua vida, seu trabalho e sua comunidade ao se tornar um doador. Pesquisadores examinaram a atividade em três áreas do cérebro; uma primeira ligada ao altruísmo e ao comportamento social, uma segunda à felicidade e uma terceira área envolvida na tomada de decisões. A equipe descobriu que o grupo que se comprometeu a doar o dinheiro relatou estar mais feliz do que os que gastariam a quantia com eles próprios.[129]

Mas como desenvolver esse hábito se você é como a maioria, um tomador ou compensador? Doe seu tempo, dinheiro e/ou conhecimento para ajudar pessoas que provavelmente não poderão retribuir, isso vai ajudar você a deixar de pensar apenas em si e a olhar para a necessidade do outro. Você pode fazer isso através de sua comunidade religiosa, de grupos voluntários, associações beneficentes ou transformando a sua empresa em um ambiente de doação.

O hábito de praticar o serviço desinteressado também é um modo de reprogramar a crença de escassez. Só doa quem sente que tem algo sobrando ou que acredita que mesmo doando vai receber ainda mais do que está doando. Lembre que seus talentos estão sendo usados na vida e nos negócios para servir as pessoas e um propósito maior. Isso é amor.

---

127 *Idem*. p. 7.

128 *Idem*. p. 224.

129 AGÊNCIA FRANCE-PRESS. Estudo revela que praticar atos de generosidade traz felicidade. **Correio Braziliense**. 11 jul. 2017. Disponível em: https://www.correiobraziliense.com.br/app/noticia/ciencia-e-saude/2017/07/11/interna_ciencia_saude.608852/praticar-atos-de-generosidade-traz-felicidade-ao-homem.shtml. Acesso em: 4 jun. 2023.

Alinhar identidade ao propósito maior

Vamos nos aprofundar agora em como fortalecer sua autoestima. Uma situação baseada no livro *O propósito*, de Sri Prem Baba,[130] deve ajudar nesse mergulho.

Nascemos com o que o autor chama de "propósito interno", que tem relação com servir ao próximo com nossos talentos. A criança é puro amor e reconhece seus pais como extensões dela mesma. Percebem desde cedo que os pais, consciente ou inconscientemente, não correspondem às necessidades de amor que ela esperava.

É quando nascem as carências afetivas que vão sendo reforçadas no ambiente familiar com as comparações, através do bullying no ambiente escolar ou da competição no ambiente empresarial. Isso gera baixa autoestima, e a pessoa vai buscar compensações (comida, sexo, drogas, trabalho) para se sentir melhor. Adultos esquecem de procurar saber quem são (identidade), por que deveriam gostar de si (autoestima) e de dar um sentido para tudo isso (propósito).

Esse momento chega mais forte na famosa crise dos 40. Segundo estudo da Universidade de Warwick, na Inglaterra, com mais de cinquenta mil pessoas, a satisfação de uma pessoa com a própria vida começa a diminuir com o início da idade adulta, chegando a ser ainda mais baixa entre os 40 e 42 anos.[131] Foi justamente nessa idade que recebi o diagnóstico da síndrome de burnout.

Descobri que a carência que sentia era amortecida pelo excesso de trabalho como modo de lidar com o medo da pobreza. Hoje, o trabalho me ajuda a cumprir meu propósito. Pode parecer o mesmo para quem observa, mas me sinto muito diferente. Minha frequência vibracional é outra. Foram vários anos de terapias e técnicas de ativação do corpo, da mente e do espírito para me ajudar a entender melhor minha identidade, meu propósito e aumentar minha autoestima.

Compartilharei agora técnicas simples, porém poderosas, para ajudá-lo nessa jornada de autoconhecimento.

---

130 BABA, S. P. *op. cit.*

131 A CRISE dos 40 anos é real. Mas ela passa. **Veja**, 23 nov. 2015. Disponível em: https://veja.abril.com.br/saude/a-crise-dos-40-anos-e-real-mas-ela-passa/. Acesso em: 4 jun. 2023.

Para reconhecer sua **identidade**, sugiro que você monte três listas:

- liste três características/comportamentos que mais admira nos seus pais ou nas pessoas que representam as figuras materna e paterna para você;
- liste três características/comportamentos que mais admira no seu herói/heroína favorito(a);
- identifique três referências de empreendedorismo para você com três características/comportamentos que mais admira em cada um deles.

Você terá uma lista possível com dezoito características/comportamentos que admira em pessoas de referência. Observe aqueles que são mais comuns e faça uma lista que tenha de nove a doze daqueles com que mais se conecta. Devem ser características/comportamentos que estão em você, mas que precisam ser estimulados e colocados a serviço de um propósito maior. Essa lista corresponde ao que internamente você acredita ser, sua verdadeira **identidade**. Representa a autoimagem inconsciente que você tem de si mesmo, e que consequentemente molda a sua autoestima.

Para começar a buscar o **propósito interno**, monte outras três listas:

- liste suas brincadeiras e/ou atividades favoritas da infância, preferencialmente, até os 7 anos;
- liste atividades que você fazia com facilidade e que surpreendiam as pessoas ao seu redor;
- liste atividades que gostava de fazer e que fazem as pessoas se sentirem melhor.

Agora pare, feche os olhos, silencie, respire e busque resgatar as imagens e as sensações que você tinha quando estava envolvido com as atividades dessas listas. Compare essas sensações com as que você tem hoje na sua empresa. Se forem parecidas, é provável que você esteja vivendo seu propósito, caso contrário, você está nadando contra o fluxo natural de sua vida. Você está nadando contra a corrente do rio, e isso cansa e desanima em algum momento.

Você pode continuar assim e gastar muita energia ou pode mudar de sentido. Ao buscar um novo significado para ou mudar de vida e negócio, você vai colocar as listas de talentos e atividades a serviço de outas pessoas, que vão pagar cada vez mais pelo que você está oferecendo. Você também vai se sentir cada vez mais realizado porque estará vivendo uma nova Pirâmide de Crenças Primárias.[132] Observe o diagrama a seguir.

A construção dos *Doze hábitos ativadores dos empreendedores* que você conheceu aqui – e que foram divididos entre os capitais espiritual, emocional, intelectual e físico – vai te ajudar a montar o quebra-cabeça e a reprogramar seu sistema de crenças.

O **mundo interno** e o **diálogo dos pensamentos** podem ser mais construtivos se acessados por meio do capital emocional, com a reconstrução das crenças empreendedoras potencializadoras, o resgate das bases de uma família funcional e um ambiente pessoal e empresarial ricos.

A construção de uma nova identidade fortalecida por uma autoimagem e autoestima baseada no **ser** e nas práticas do capital espiritual vai ajudar na cura de feridas e carências que prejudicam a

---

132 REINSTALANDO o novo sistema de crenças. **Tecnologia da Mente**. Disponível em: https://tecnologiadamente.com.br/skills/premium-website-2-2-2/. Acesso em: 4 jun. 2023.

convicção de poder ser melhor do que é atualmente, sem fazer comparações externas.

O capital físico nos permite sentir rapidamente a capacidade de **fazer** que temos instalada em nosso corpo, e que muitas vezes está subaproveitada até para gerar energia para o crescimento do nosso negócio. O progresso percebido no corpo aumenta a autoconfiança na vida e nos negócios.

Sentir que merece realizações maiores é fruto da mobilização da vontade de **ter** um objetivo que seja maior que o medo e de você ter ultrapassados as camadas anteriores. E esse resultado é guiado pelo capital intelectual.

A construção da pirâmide e a integração dos capitais vão ajudá-lo a se sentir realizado, independentemente do sucesso ou fracasso no alcance de suas metas, pois você vai entender que seus resultados são fruto da expressão do **ser**, do **fazer** e do **ter** e da energia e do tempo que dedica a eles. Essa é a jornada para a plenitude e a autorrealização; a jornada de um empreendedor pleno.

O capital espiritual é fonte muito importante de química boa e tem me ajudado todos os dias. Venho de uma família católica, mas sem práticas religiosas. Aos 27 anos, eu trabalhava em uma empresa de consultoria/treinamento com atuação nacional e internacional e o volume de viagens era grande. Em uma delas, me vi em um pico de trabalho em que estava, ao mesmo tempo, acelerado e esgotado. Foi quando recebi o convite de um amigo para participar de uma prática de meditação e ioga no próprio hotel, por uma hora.

Esse amigo era uma pessoa muito calma e reagia de modo diferente às pressões diárias. Foi incrível a sensação de relaxamento, controle da ansiedade e tranquilidade. Naquela mesma época, comecei a buscar conhecimento em grupos e congressos esotéricos e de física quântica, assuntos pelos quais me interesso desde que conheci a história do Egito Antigo. Percebi que o esoterismo e a física quântica se reforçam quando tratam da espiritualidade, e estão separadas pelo tempo e tecnologia disponível.

Anos depois, passei a praticar e experimentar ioga, meditação, acupuntura, jejum, reiki e outras técnicas orientais. Cheguei a me tornar praticante regular de algumas. Todas essas técnicas hoje são reconhecidas pela OMS como terapias complementares, e algumas delas estão disponíveis inclusive no SUS. O efeito em minha química é incrível, o que me ajuda a manter o equilíbrio entre vida pessoal e empresarial.

Concomitantemente, passei a participar de comunidades de tradição cristã e não cristã e a estudar seus livros sagrados. Percebi que as três principais tradições monoteístas (cristã, judaica e islâmica) têm a mesma essência e não diferem de outras como budismo e hinduísmo, o que ficou muito mais evidente quando viajei para Egito, Israel e Turquia. Mas foi em um retiro do movimento cristão chamado cursilho da cristandade que tive uma catarse e me senti verdadeiramente amado de uma maneira que nunca havia me sentido. Para alguém cujo racional sempre falou mais alto e não gostava de ser abraçado posso dizer que senti o abraço de Deus, e que desde então me considero um cristão por opção, afinal, bebi de muitas águas. Apesar de manter o lócus interno, nem tudo está no meu controle. Isso é surpreendente, revelador e calmante. Passei a servir desinteressadamente nesse movimento cristão, e foi lá que deixei de tomar remédio para ansiedade sem ter nenhum tipo de reação posterior. Apenas senti um comando de que poderia parar. Obedeci e nunca mais precisei de medicação. O amor que recebemos e oferecemos é uma cura na vida e nos negócios.

Entendi que religião e espiritualidade não são a mesma coisa e que é possível vivenciar a espiritualidade na vida empreendedora através dos doze atributos identificados por Danah Zohar e termos nossos empreendimentos como ferramentas relevantes do nosso propósito pessoal. Os relacionamentos com colaboradores, fornecedores, concorrentes e clientes são nosso espaço de experimentação dos atributos da espiritualidade.

Hoje, sinto que todas as minhas atividades empreendedoras têm o verdadeiro sentido de manifestar quem eu sou e de servir na transformação de quem interage comigo. Hoje, sei que meu propósito é **inspirar e desenvolver pessoas para que obtenham abundância financeira, emocional e espiritual através do empreendedorismo**.

Assim, comecei a praticar nas minhas empresas a humildade, o uso positivo das adversidades, a compaixão e o amor ao próximo de forma humana, e, independentemente da religião ou crença de meus colaboradores, é incrível como as pessoas entendem e desejam um ambiente de equilíbrio e resultados. Esse tipo de ambiente torna-se atrativo para pessoas que querem prosperar.

Enfim entendi a diferença entre o que **tenho**, o que **faço** e quem **sou** e tenho mergulhado continuamente para reescrever crenças que não me levam aos resultados que desejo. Chegar a essa conclusão é uma conquista muito maior que independência financeira, que foi o que me guiou durante tantos anos; é um estado de realização e plenitude. Hoje sei e sinto que:

TENHO experiência consolidada como executivo e consultor de processos, negócios e treinamentos no Brasil e no exterior e um grupo de multifranquias de educação.

TENHO um patrimônio que me permite viver no meu padrão de vida atual por mais de 25 anos sem trabalhar, tenho independência financeira.

TENHO um casamento de mais de 25 anos com minha esposa Michelle e duas filhas muito especiais, Mayara e Milena.

FAÇO palestras, treinamentos, mentorias e investimentos que ajudam empreendedores que querem crescer sem enlouquecer.

FAÇO livros agora também.

SOU intenso, intuitivo e persistente como minha mãe.

SOU bem-humorado, ativo e extrovertido como meu pai.

SOU estudioso, curioso, místico como Dr. Estranho.

SOU disciplinado, metódico, corajoso e comprometido na busca de meus objetivos.

SOU centelha divina, filho amado do Criador e Sua imagem e semelhança.

SOU também, portanto, cocriador da minha realidade.

Está muito claro para mim que **ser** quem sou não depende de nenhum fator externo, apenas de eu estar conectado comigo mesmo e de me sentir forte para **fazer** o que sei que posso fazer e **ter** o que mereço. Desejo que você descubra quem é e que chegue aonde seu propósito o conduzir. E que possa sentir o efeito da ampliação da **consciência** no corpo, na mente e no espírito.

Capítulo 9

APRENDENDO com o programa de 12 semanas como revolucionar meu NEGÓCIO a partir do método CRESCER sem ENLOUQUECER

A potência que os **quatro capitais** geram quando se entende seu papel de fazer a empresa crescer pode ser resumida na jornada inspiradora do empresário Abílio Diniz. Nascido em 1936, Diniz é presidente do Conselho de Administração da Península Participações, do Conselho de Administração da BRF, membro dos Conselhos de Administração do Grupo Carrefour e do Carrefour Brasil e está na lista de bilionários da revista *Forbes*. Mas uma parte importante e desconhecida de sua história foi revelada no livro *Caminhos e escolhas: o equilíbrio para uma vida mais feliz*.[133]

A obra narra os momentos decisivos da vida de Diniz, e como esses momentos o transformaram, e também aborda sete pilares que ele julga essenciais para uma vida feliz: atividade física, alimentação, controle do estresse, autoconhecimento, amor e espiritualidade e **fé**.

---

[133] DINIZ, A. **Caminhos e escolhas: o equilíbrio para uma vida mais feliz**. Rio de Janeiro: Editora Campus, 2004.

Tempos depois, ele lançou o segundo livro *Novos caminhos, novas escolhas*,[134] que conta suas principais reinvenções na vida pessoal e profissional nos doze anos seguintes. Diniz continua defendendo um estilo de vida saudável, mas dessa vez aposta ainda mais na longevidade com qualidade, sempre procurando equilíbrio, preceitos que são amplamente reforçados através do site Plenae[135] e têm relação direta com o propósito de um homem que já passou dos 80 anos.

Você pode estar pensando, "mas para o Abílio Diniz é muito fácil, afinal, ele já é bilionário". Talvez você não saiba que o pai dele teve como primeiro negócio uma doceria chamada Pão de Açúcar e que onze anos depois abriu o primeiro supermercado. Agora imagine quantas docerias e padarias foram abertas nesse período. O importante é saber qual é a empresa que você quer construir: uma que cresce continuamente porque os empreendedores dedicam tempo e energia para isso, ou uma que serve para pagar as contas da família e que necessita constantemente da presença do dono para funcionar.

Talvez ainda pareça algo fora de sua realidade fazer a empresa funcionar sem sua presença operacional e conciliar todos os seus outros papéis dentro das 24 horas de um dia, mas conhecer e conviver com empreendedores plenos ajuda a perceber que, sim, é possível. Por isso, este livro é o primeiro passo para você fazer parte do movimento.

Tenho certeza de que algum dos quatro capitais é muito forte em você, e isso é bom. Pode ser que tenha até mais do que um, o que é ótimo. Quem sabe você tenha os quatro, como eu achei que tinha até meu episódio de burnout. O grande segredo, porém, está em como conectar esses quatro capitais em prol da sua vida empreendedora. É o que faz quem empreende por muito tempo com equilíbrio e resultados na vida e nos negócios.

Durante minha jornada empreendedora, tive vontade de desistir diversas vezes. Você pode já ter passado por isso ou talvez esteja passando. Uso nos programas CSE uma analogia de que gosto muito.

---

134 DINIZ, A. **Novos caminhos, novas escolhas.** Rio de Janeiro: Objetiva, 2016.

135 Para saber mais, acesse www.plenae.com.

Imagine um grande sistema de geração e transmissão de energia elétrica. Nele, existem muitos elementos, mas todos sabemos que existem pelo menos quatro que são importantes para termos luz em casa: a fonte geradora (usina hidroelétrica), a rede de transmissão, os interruptores e a lâmpada. Quando qualquer um desses se desconecta, a luz não é gerada.

A luz aqui é o seu crescimento na vida e nos negócios. Mas, para isso acontecer, você vai precisar que a lâmpada (capital intelectual) tenha seus filamentos aquecidos, que o interruptor (capital físico) seja acionado e receba a energia que vem das linhas de transmissão (capital emocional), que, por sua vez, recebem a energia produzida pela usina hidroelétrica (capital espiritual), uma fonte desproporcional de energia que se aciona quando sei quem sou e qual meu principal propósito na vida e para ser um empreendedor.

Minha jornada para chegar até aqui foi longa. Treze anos como funcionário até reconhecer que já tinha competências empreendedoras para abrir o primeiro negócio, mais quatro anos para deixar definitivamente o vínculo de 40 horas de trabalho, mais sete anos para fazer meus negócios crescerem e eu atingir a independência financeira, mais quatro anos para me recuperar da síndrome de burnout e experimentar como integrar os **quatro capitais** e, a partir daí, viver e compartilhar o método Crescer sem Enlouquecer. Foram vinte e oito anos de erros e acertos para construir esse método. Mas sou muito grato por poder compartilhá-lo e dizer que, se você decidir, pode aplicar esses vinte e oito anos em um intervalo de tempo entre doze e vinte e quatro semanas, a depender da sua dedicação. Lembre-se de que tudo que é importante de ser criado vai demandar tempo e energia empreendedora.

Centenas de empreendedores aplicaram essas e outras ferramentas e hábitos em mentoria e treinamentos dos programas Crescer sem Enlouquecer e fizeram seus faturamentos e lucros crescerem sem se matar de trabalhar – as mesmas ferramentas e hábitos que você conheceu aqui. Dobraram, triplicaram, quadruplicaram seus resultados com mais consciência e preparo para dar os saltos a que as metas os impulsionaram. Não foi mágica, foi decisão e esforço para fazer uma mudança individual e nos negócios. Mas fico contente por saber que em cada um agora existe a convicção de que eles têm um método, um roteiro, um passo a passo que podem aplicar a qualquer momento. E agora você também poderá usar esse método para transformar sua jornada empreendedora em até vinte e quatro semanas.

Para percorrer sua jornada em doze semanas, você deve aumentar a intensidade e caminhar os doze passos a cada semana. Se quiser ter mais espaço, use intervalos de quinze dias. Sugiro apenas não espaçar mais para não correr o risco de comer o marshmallow antes. O cérebro tende a buscar recompensas imediatas, então não vamos gastar essa energia à toa.

Prepare-se para colocar tudo que viu até aqui em prática. A tabela está dividida em quatro etapas que devem durar uma semana ou quinzena, a depender do nível de intensidade, frequência e volume de tempo a dedicar. Lembre que ferramentas servem para ajudar sua empresa a crescer, e os hábitos, para você não enlouquecer.

ETAPAS	SEMANA/ QUINZENA	FERRAMENTA (F)/HÁBITO (H)	OK
A qual oportunidade de crescimento devo me dedicar? Como aumentar minha atenção no CPF e no CNPJ? (Capital físico)	1	Elaborar organograma atual e de crescimento para como você quer que a empresa esteja em 180 dias (F)	
		Distribuir atividades de acordo com a matriz complexidade e tempo e identificar se há necessidade de contratações (F)	
		Implantar rotina de exercício físico mínimo ou intensificar o exercício atual (H)	
	2	Selecionar oportunidade de crescimento de acordo com a matriz (F)	
		Ajustar rotina de sono média para ser de sete a oito horas com horário limite para se deitar às 22h30 (H)	
	3	Construir modelo canvas da oportunidade de crescimento selecionada (F)	
		Introduzir alimentação balanceada e anti-inflamatória após checagem nutricional (H)	
		Ler diariamente uma ou duas páginas de livros da mentoria ou escutar dez minutos de algum audiolivro (H)	

CRESÇA E LUCRE SEM ENLOUQUECER

ETAPAS	SEMANA/ QUINZENA	FERRAMENTA (F)/HÁBITO (H)	OK
Quanto estou disposto a entregar para crescer com planejamento (tempo, dinheiro e estudo)? Como fortalecer a minha **DIREÇÃO**? (Capital intelectual)	4	Definir a quantia de que precisa para se sentir rico e como será sua vida **rica**. (H)	
		Preencher lista de prós e contras da oportunidade selecionada com ações para reduzir o risco. (F)	
	5	Construir meta SMART avaliando os impactos na área "vida pessoal". (F)	
		Selecionar três potenciais mentores e pedir ajuda na sua META. (H)	
	6	Implantar rotina inteligente de empreendedores plenos. (F)	
		Reprogramar lista de crenças empreendedoras. (H)	
Como e com quem vou crescer? Como construir uma **disciplina de EXECUÇÃO** inabalável na vida e nos negócios? (Capital emocional)	7	Construir planejamento trimestral e integrá-lo à rotina inteligente. (F)	
		Fazer lista das crenças bloqueadoras e reescrevê-las como ativadoras. (H)	
	8	Construir um POP de atividade que deseje delegar para ganhar tempo ou receita. (F)	
		Fazer algum tipo de terapia para entender o efeito da relação familiar no seu comportamento nos negócios. (H)	
	9	Distribuir equipe de acordo com a matriz da liderança situacional. (F)	
		Experimentar a técnica da comunicação não violenta na família e na empresa. (H)	
Qual o motivo que vai sustentar o crescimento? Como gerar **conexão** com as **PESSOAS** para ser empreendedor pleno?	10	Implantar fluxo de caixa operacional. (F)	
		Experimentar dez minutos diários de silêncio/meditação/oração ao acordar durante quinze dias. (H)	
	11	Aplicar sessão de feedback com equipe. (F)	
		Implementar ação de **serviço desinteressado**. (H)	
	12	Implantar DRE e definir metas de lucro para o próximo trimestre. (F)	
		Escrever e repetir por trinta dias as características do exercício do **eu sou** e propósito. (H)	

Mantenha este livro ao seu lado e vá dando OK na última coluna. Essa ação vai liberar dopamina e gerar bem-estar pelo sentimento de dever cumprido.

Ao concluir essas semanas ou quinzenas, vai ficar claro que seus maiores resultados são alcançados quando você investe nos seus maiores ativos: físico, intelectual, emocional e espiritual. Como já disse Einstein, uma mente que se expande nunca mais volta ao mesmo estágio. Cresça e lucre sem enlouquecer, você está em uma nova jornada para ser um empreendedor pleno.

Importante frisar que essa não é uma jornada que tem fim. Os doze passos serão uteis sempre que você identificar uma oportunidade de crescimento e os doze hábitos devem acompanhá-lo a cada dia, pois o ambiente comum pode desviar sua **atenção** das **oportunidades**, tirar da **direção** gerada pelo **planejamento**, testar as **decisões** tomadas para manter a **disciplina** de **execução** e diminuir sua **conexão** com as **pessoas**. Portanto, fique alerta para não se afastar do lugar a que você decidiu chegar e que liga sua identidade e propósito. Tenha paciência com seu ritmo. Se cair, lembre que o importante é se levantar e continuar.

O maior empreendedor pleno da história

Ao longo do livro você conheceu a jornada de empreendedores famosos e anônimos. Agora chegou a vez daquele que considero o maior empreendedor pleno da história, e uma inspiração para quem decide percorrer essa jornada: Jesus Cristo.

Não seria possível listar todos os empreendedores que se apoiaram nas competências empreendedoras para atingir suas metas, mas, se filtrarmos os empreendedores plenos, o número já se reduz muito. Afinal, crescer e lucrar sem enlouquecer ainda não é o normal, mesmo com o volume de informação disponível.

A partir desse filtro, não tenho a menor dúvida de que o maior empreendedor pleno de todos os tempos foi Jesus. E afirmo isso como um especialista nas competências empreendedoras reconhecidas pela ONU e praticamente dos doze hábitos ativadores dos quatro capitais. As dez competências empreendedoras foram desdobradas em trinta comportamentos a partir de passagens da Bíblia atribuídas a Jesus. Por esse desdobramento, percebemos que Ele era um homem de **ação** com uma meta clara a ser atingida em aproximadamente três anos.

Como último presente deste livro, deixo um curso completo com a explicação dos trinta comportamentos de vários empreendedores e as situações em que Jesus os colocou em prática.

Para acessá-lo, basta escanear o QR code.

Esses trinta comportamentos colocam Jesus no patamar de um grande empreendedor pleno. Por isso, a partir de agora, vamos falar dos quatro capitais na jornada dele.

Capital físico

Estive em Israel e no Egito e ficou claro para mim o quanto as condições do clima e o relevo daquela região exigem uma grande disposição física. Subir o Monte Sinai, por exemplo, demora umas três horas na madrugada para evitar o sol escaldante do deserto. Jesus divulgava sua mensagem caminhando de cidade em cidade embaixo desse sol intenso. Alguns estimam que Ele tenha caminhado mais de 30 mil quilômetros durante a sua vida, sendo 5 mil destes somente nos três últimos anos. Caminhava de 4,5 a 5 quilômetros por dia, ou 6 mil passos, que é a quantidade mínima de exercício recomendada.[136]

Além disso, em várias passagens fica clara a atenção que Jesus atribuía ao cuidado do corpo através da dieta ativadora. Segundo Colbert, "Jesus comia, basicamente, comidas naturais em seu estado natural – muitos vegetais, principalmente feijão e lentilhas". "Ele teria comido pão integral, muita fruta, bebido muita água e um pouco de vinho." "E Ele só comia carne em ocasiões especiais,

---

[136] SANTOS, H. Jesus praticava atividade física? **Igreja Adventista do Sétimo dia**, 15 mai. 2022. Disponível em: https://noticias.adventistas.org/pt/coluna/hildemar.santos/jesus-praticava-atividade-de-fisica/. Acesso em: 4 jun. 2023.

talvez uma vez por mês, como na parábola em que o filho pródigo come o bezerro engordado."[137]

Com relação ao sono reparador, Ele relacionava o sono a uma ponte para recarregar o corpo e espírito quando recomendava que "Venham a mim, todos os que estão cansados e sobrecarregados, e eu darei descanso a vocês" (Mateus 11:28). E não nos esqueçamos das palavras de Davi: "Eu me deito e durmo, e torno a acordar, porque é o Senhor que me sustém" (Salmos 3:5).

A prática e recomendação de Jesus foi cuidar de nosso corpo de maneira geral – externa e internamente –, como alguém que está usando um bem que o é emprestado. Segundo o apóstolo Paulo, em I Coríntios. 6:19-20: "Acaso não sabem que o corpo de vocês é santuário do Espírito Santo que habita em vocês, que lhes foi dado por Deus, e que vocês não são de vocês mesmos? Vocês foram comprados por alto preço. Portanto, glorifiquem a Deus com o seu próprio corpo". Um corpo malcuidado cobra um preço alto e se reflete na sua energia e disposição para cumprir suas metas. O corpo de Jesus foi exigido ao extremo até o fim de sua jornada terrena. Não duvide que em sua jornada como empreendedor vá ser diferente.

Capital intelectual

No prefácio do livro *O homem mais inteligente da história*,[138] Augusto Cury diz: "Esperava, ao estudar a personalidade de Jesus, encontrar uma inteligência comum, pouco criativa, pouco analítica, pouco instigante, sem gestão da emoção, ou então um 'herói' mal construído por galileus. Entretanto, fiquei perplexo".

Em Lucas 2:42, 46-47, é dito "Quando ele completou doze anos de idade, eles subiram à festa, conforme o costume" e ele se perdeu dos pais. "Depois de três dias o encontraram no templo, sentado entre os mestres, ouvindo-os e fazendo-lhes perguntas. Todos os que o ouviam ficavam maravilhados com o seu entendimento e com as suas respostas." A passagem mostra que, além da admiração que Je-

---

137 ROBERTS, M. Nova dieta nos EUA busca inspiração em Jesus. **BBC Brasil**, 24 maio 2005. Disponível em: https://www.bbc.com/portuguese/reporterbbc/story/2005/05/printable/050524_dietaba. Acesso em: 19 jul. 2023.

138 CURY, A. **O homem mais inteligente da história**. Rio de Janeiro: Sextante, 2016.

sus causava ainda muito jovem pelas suas respostas – o que me leva a acreditar que Ele se empenhava muito no estudo –, ainda tinha uma disposição verdadeira para ouvir e perguntar, ou seja, tinha humildade para aprender.

Acrescente-se a isso o fato de Ele ter sido instruído nas atividades de carpintaria pelo pai, o que deve ter demandado uma rotina inteligente que deve ter feito diferença nos seus três anos finais, quando a busca das pessoas por Ele era constante. Mas Ele sabia o momento de estar com aquele povo e de se retirar para suas oportunidades de silêncio e oração. Ele sabia qual era a sua meta e sua prioridade.

Sobre a organização financeira, Jesus contou treze parábolas sobre dinheiro, um dos temas mais comentados por Ele e na Bíblia, somando mais de 2.300 versículos.

1. O tesouro escondido – Mateus 13:44-46.
2. Pérola de grande valor – Mateus 13:47-52.
3. Servo impiedoso – Mateus 18:21-35.
4. Trabalhadores na vinha – Mateus 20:1-16.
5. Talentos – Mateus 25:14-30.
6. Rico insensato – Lucas 12:13-21.
7. Moeda perdida – Lucas 15:8-10.
8. O rico e Lázaro – Lucas 16:19-31.
9. O fariseu e o publicano – Lucas 18:9-14.
10. Os dois devedores – Lucas 7:41-43.
11. O construtor da torre – Lucas 14:28-33.
12. O filho pródigo – Lucas 15:11-32.
13. O administrador astuto – Lucas 16:1-15.

Jesus utiliza o dinheiro como ferramenta de ensino para nos mostrar que sua mensagem espiritual está acima de qualquer bem material. Se aprendermos a dominar o dinheiro e a não sermos dominados, teremos aprendido o caminho da liberdade financeira e encontrado espaço para recebermos a mensagem Dele como o maior mentor para empreendedores plenos da história.

Foi através das parábolas que Jesus demonstrou sua humildade e sabedoria ao se comunicar com aqueles que não conseguiam compreender a sua mensagem, diferentemente de muitos empreendedores, que se utilizam de arrogância para não aprender e culpam aqueles que não têm o mesmo conhecimento que eles.

Capital emocional

Hoje, os especialistas em cuidar das emoções são psicólogos, psiquiatras, terapeutas, coaches, treinadores, tantos que fica até difícil escolher o mais adequado. Mas o trabalho deles é similar no que diz respeito a crenças, família e ambiente.

Se você voltar ao *quadro das crenças*, que está no capítulo 7, vai verificar que Jesus experimentava crenças potencializadoras em suas passagens. Isso o ajudava a não reclamar, vitimizar-se ou procrastinar, por exemplo. Mesmo experimentando emoções tidas como negativas, como a tristeza – Lucas 19:41-44 fala que Jesus se aproximou de Jerusalém, contemplou a cidade e começou a chorar por causa dela – e o medo – quando antes da crucificação faz uma oração e diz: "Meu Pai, se for possível, afasta de mim este cálice; contudo, não seja como eu quero, mas sim como tu queres." (Mateus 26:39) –, Jesus seguiu em frente, na direção de seu objetivo.

Ele demonstrou também raiva quando expulsou os cambistas e vendedores de animais do Templo (Mateus 21:12-13, Marcos 11:15-19, João 2:13-22). A emoção de Jesus foi descrita como "zelo" pela casa de Deus (João 2:17), e em nenhum momento é indicado que houve ressentimento. A raiva cumpriu seu objetivo de canalizar energia para a ação de construir e reforçar sua mensagem.

Apesar de não haver escritos de Jesus sobre risos, em Lucas 10:21, após receber relatos favoráveis dos discípulos em suas pregações, vemos: "Naquela hora, Jesus, exultando no Espírito Santo, disse: "Eu te louvo, Pai, Senhor do céu e da terra, porque escondeste estas coisas dos sábios e cultos e as revelaste aos pequeninos. Sim, Pai, pois assim foi do teu agrado."

O que se percebe é que não existem muitos relatos de variações de emoções tidas como "positivas" ou "negativas", exceto o amor que era expresso através de ações práticas de serviço e compaixão. Mais uma lição deste grande mentor.

Também vale muito destacar a família funcional de Jesus. Com José e Maria, cuja unidade enquanto casal, mesmo em meio a um ambiente muito hostil, é identificada em todas as passagens, e a relação de Jesus com sua mãe. Segundo Bert Hellinger,[139] o sucesso tem a cara da mãe, e o pai o prepara para o mundo. Apoiado em seus pais, Jesus deixou a sua casa para cumprir sua missão.

Ele escolheu o seu ambiente e as pessoas que o ajudariam a atingir a sua meta. Entre dezenas de pessoas, selecionou um grupo com doze perfis distintos e diferentes níveis de proximidade para que os mais próximos pudessem levar sua mensagem adiante após sua partida. Ele construiu um ambiente rico para si. Ensinou a lidar com os diferentes perfis, orientar de acordo com a maturidade de cada um e ter disciplina diária para fazer o que era necessário.

Isso talvez ajude a entender como Jesus suportou os efeitos das cinco principais feridas emocionais (rejeição, abandono, humilhação, traição e injustiça) e se manteve sem guardar rancor, mágoa, ressentimento. Jesus ensinou que todos deveriam praticar o perdão como hábito quando Pedro lhe pergunta "Senhor, quantas vezes deverei perdoar a meu irmão quando ele pecar contra mim? Até sete vezes?" (Mateus 18, 21-35), e Ele responde: "Não até sete, mas até setenta vezes sete."

Capital espiritual

Já que esse capital tem uma relação profunda com a jornada de Jesus, quero reforçar o que diz a OMS, que incluiu a dimensão espiritual no conceito multidimensional de saúde, remetendo a questões como significado e sentido da vida e não se limitando a qualquer tipo específico de crença ou prática religiosa.[140] Dito isso,

---

139 HELLINGER, B. **Êxito na vida, êxito na profissão**. Belo Horizonte: Editora Atman, 2021.

140 JANUZZI, D. OMS inclui espiritualidade nos aspectos para avaliar qualidade de vida. **Estado de Minas**, 27 mar. 2011. Disponível em: https://www.em.com.br/app/noticia/tecnologia/2011/03/27/interna_tecnologia,217948/oms-inclui-espiritualidade-nos-aspectos-para-avaliar-qualidade-de-vida.shtml. Acesso em: 19 jul. 2023.

isso fica muito clara a intencionalidade de Jesus em suas práticas de introspecção. "Mas Jesus retirava-se para lugares solitários e orava" (Lucas 5:16), hábito que está presente em várias passagens. E por entender que tudo era uma expressão divina – "Todas as coisas foram feitas por intermédio dele; sem ele, nada do que existe teria sido feito" (João 1:3) –, a vida deveria ser contemplada como uma obra de arte do Grande Artista.

Não há muito o que falar sobre o serviço desinteressado; afinal, a jornada de Jesus foi basicamente se preparar para servir ao próximo do começo ao fim, como um mentor que escreve com sua vida o que precisa ser feito para que os outros possam imitá-lo.

O que considero importante aqui é que, apesar de estar disposto a servir através de sua mensagem, o serviço individual exigia que a pessoa pedisse ajuda e acreditasse no resultado para receber o que buscava. Como é dito em Mateus 9:22: "Voltando-se, Jesus a viu e disse: 'Ânimo, filha, a sua fé a curou!' E desde aquele instante a mulher ficou curada."

Por fim, Jesus foi a maior expressão de alinhamento entre identidade e propósito. Ele se identificou como filho de Deus, a expressão máxima da imagem e semelhança divina, e se apresentou como **Eu Sou**, dizendo: "Eu afirmo que antes de Abraão nascer, Eu Sou!" (João 8:58). Do mesmo modo como foi escrito que "Disse Deus a Moisés: 'Eu Sou o que Sou. É isto que você dirá aos israelitas: Eu Sou me enviou a vocês'" (Êxodo 3:14). Jesus se via como o próprio Deus, o que expressou também em sete passagens para ajudar as pessoas a entenderem o seu propósito de conectá-las ao mundo espiritual (Reino de Deus), mesmo vivendo o mundo material.

Eu sou o pão da vida. (João 6:35).
Eu sou a luz do mundo. (João 8:12).
Eu sou o caminho, a verdade e a vida. (João 14:6).
Eu sou a videira verdadeira. (João 15:1).
Eu sou a porta das ovelhas. (João 10:7).
Eu sou o bom pastor. (João 10:11).
Eu sou a ressurreição e a vida. (João 11:25).

A clareza de sua identidade e de seu propósito em contribuir com a vida dos outros conectava Jesus com uma frequência poderosa de amor, compaixão e iluminação que o fez ter disposição para persistir e se manter comprometido durante toda a jornada. A conexão da identidade dele com a fonte criadora o fez criador de sua realidade e o fez se conectar com pessoas ao longo de dois milênios e através de mais de 1,2 bilhões de seguidores de seus ensinamentos no mundo.

Reconhecer a jornada de Jesus nos permite reforçar ainda mais a importância de mudarmos os hábitos do corpo, da mente e do espírito para que possamos ter a possibilidade de atingir nosso potencial máximo na vida e nos negócios para crescer sem enlouquecer.

EMPREENDER É EXPERIÊNCIA ESPIRITUAL COM RESULTADOS MATERIAIS. BASTA AMAR O PRÓXIMO COMO A SI MESMO! ENTÃO COMECE A SE AMAR!

empreendedor.pleno

Capítulo 10

SOU meu PRÓPRIO HERÓI

O bom mentor indica a direção, e o bom mentorado explora a jornada até fazer dela uma experiência única. Pode ser que você tenha chegado aqui se sentindo perdido, acomodado ou esgotado porque não soube equilibrar o nível de crescimento da sua empresa com a disposição e a energia que ela exige. Você deve ter chegado aqui com os hábitos pessoais e empresariais de empreendedores "normais", e em algum momento percebeu que, da maneira como estava conduzindo sua vida e seu negócio, seria pouco provável sentir orgulho, satisfação e autorrealização.

Mas você entendeu que seu papel é fazer a empresa crescer e que funcionários fazem a empresa funcionar. Entendeu que você é o dono da empresa e não contrário e, por isso, deve assumir seu lugar de dono e não agir como funcionário. Talvez você tenha sacrificado sua saúde física, mental, emocional e espiritual no processo.

Você compreendeu que para crescer é necessário dedicar um tempo específico, e que é pouco provável que consiga alcançar esse objetivo se continuar sendo responsável pelo funcionamento das atividades. Compreendeu ainda que as empresas que mais crescem e são atrativas são as startups, e elas nos ensinam a como formar uma equipe-chave complementar, selecionar a oportunidade mais atrativa a partir de uma mentalidade de crescimento e dedicar atenção para selecionar as informações que valem a pena para construir um modelo de negócio que tenha potencial para crescer continuamente. Startups nos ensinam a fazer rápido algo que ajude uma pessoa que tem uma dor/necessidade/desejo a colocar a mão no bolso e comprar uma solução para algo que deseja resolver. Você aceitou que feito é melhor que perfeito e que, se não teve vergonha da primeira solução que vendeu para a dor que encontrou, provavelmente, demorou muito para testar o mercado.

Aprendeu que a atenção necessária ao crescimento começa quando você passa a dar atenção a si mesmo, afinal, um CPF fraco não constrói um CNPJ forte. Aprendeu também que essa atenção tem relação direta com a qualidade de três hábitos ativadores do capital físico: atividade física intensa, dieta ativadora e sono reparador, que juntos geram uma química no seu cérebro e no seu corpo que faz com você tenha mais disposição para lidar com os obstáculos diários da jornada empreendedora. Isso porque vários dos problemas emocionais têm relação com dormir, comer e se exercitar mal. Além disso, aprendeu que ajustar esses hábitos aumenta seu desempenho pessoal e sua autoconfiança, e isso ajudará você a se aproximar de todo o potencial que tem para atingir melhores resultados tanto na vida pessoal quantos nos negócios.

Essa percepção ajuda você a transformar medo em risco quando identifica prós e contras e racionaliza o medo até sentir que vale a pena ir adiante. Essa liberação permite a você construir metas SMART, tanto para o CPF quanto para o CNPJ, e elas ajudarão você a identificar os mentores certos que auxiliarão você a ganhar tempo aprendendo através de suas jornadas e a ter ainda mais controle em sua vida para criar uma rotina inteligente que favoreça o redirecionamento da sua energia para a conquista da prosperidade financeira.

Agora, você sabe exatamente o preço do tempo, da necessidade de conhecimento e da quantidade de dinheiro que pretende investir no que deseja ardentemente. Mas a transformação não acaba, porque para alcançar uma meta é necessário pensar antes no caminho, construir planos trimestrais, mensais, semanais que serão encaixados nos espaços que você criou dentro da sua rotina inteligente.

Saber também que você, seus funcionários, fornecedores e clientes são interdependentes, ou seja, cada um depende do outro, evidencia que todos fazem parte de um sistema e que precisam um do outro para funcionar e crescer. A abundância vem quando conseguimos olhar para quem somos e conseguimos alinhar nosso eu com o que fazemos e o que temos, quando alinhamos identidade e propósito e ativamos essa dupla observando essa conexão através do silêncio, da contemplação, da meditação e da oração.

Com algumas variações, essa é a jornada dos empresários mencionados no livro e de centenas de empreendedores que decidiram percorrer os programas de treinamento e mentoria CSE. E agora você faz parte desse grupo seleto de empreendedores plenos que aprenderam a ativar corpo, mente e espírito para atingir metas na vida e nos negócios. Posso dizer que você percorreu a jornada de um herói. Isso mesmo. Ao percorrer essa jornada você se transformou em seu próprio herói.

Talvez ache que estou exagerando, mas falo isso a partir do que Joseph Campbell descreve no livro *O herói das mil faces*[141] como as doze etapas da jornada do herói. Não por acaso, tem sido a base para roteiros de diversos filmes de sucesso ao longo dos tempos. E no CSE são doze passos, doze hábitos, doze semanas/quinzenas. Com Jesus, foram doze apóstolos. Será coincidência? Acredito mais no que Jung chamou de sincronicidade.[142]

Vamos juntos nesta última parte do livro, seguindo cada uma das doze etapas da sua jornada de herói/heroína[143] como em um filme em que um empreendedor "normal" se transforma em um empreendedor "pleno".

---

141 CAMPBELL, J. **O herói de mil faces**. São Paulo: Cultrix/Pensamento, 1989.

142 CAPRIOTTI, L. Jung e sincronicidade: o conceito e suas armadilhas. **Symbolon**. Disponível em: http://www.symbolon.com.br/artigos/jungesicroni2.htm. Acesso em: 19 jul. 2023.

143 CARVALHO, H. [Infográfico] A jornada do herói: transformando sua audiência em heróis através de histórias memoráveis. **Viver de blog**, 10 ago. 2014. Disponível em: https://viverdeblog.com/jornada-do-heroi/. Acesso em: 19 jul. 2023.

A fórmula da jornada do herói em 12 passos simples

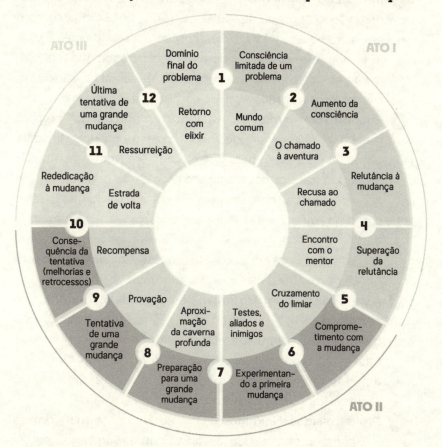

1. **O mundo comum:** muitas vezes, nessa etapa, o empreendedor normal está se sentindo perdido, acomodado ou esgotado enquanto corre para pagar as contas e/ou lida com as perdas de saúde e relacionamentos. Vive no piloto automático, sem ter clareza das qualidades e defeitos, forças e fraquezas que podem ajudá-lo a crescer sem enlouquecer. A consciência que tem do problema ainda é limitada.

2. **O chamado à aventura:** o empreendedor está em crise com o CPF ou o CNPJ, ou surge uma oportunidade de crescimento que o tira da zona de conforto e o obriga a experimentar coisas novas para garantir a própria segurança, da família ou de algo que ele valorize. A consciência que tem do problema aumenta.

3 **Recusa ao chamado:** é quando surgem os medos, e o empreendedor "normal" se convence de que não se importa com aquilo. Ele busca informações, compara a segurança e o conforto do presente com os desafios que percebe que terá pela frente e prefere se manter onde está. Apesar da relutância em mudar, continua incomodado com sua situação atual.

4 **Encontro com o mentor:** é quando o empreendedor "normal" precisa ser encorajado. Ele encontra seu mentor, que lhe dará o que for necessário para que ele siga em frente, mostrando que pode transformar medo em risco e que pode prototipar. Talvez você esteja neste exato momento da sua jornada. Assim como na franquia Star Wars, em que o mestre/mentor Yoda orienta o aprendiz Luke Skywalker a usar a "força", é possível que sinta até uma força sobrenatural, que lhe dará a autoconfiança necessária para superar a relutância.

5 **A travessia do primeiro limiar:** o empreendedor "normal" cruza o limite entre o mundo atual e o mundo novo, constrói uma meta SMART para a sua vida e o seu negócio e se mobiliza para saber o preço que terá de pagar em tempo, dinheiro e aprendizagem, levando os quatro capitais em consideração. O comprometimento com a mudança está em alta.

6 **Provas, aliados e inimigos:** o empreendedor "normal" começa a experimentar a mudança, constrói uma rotina inteligente e faz o planejamento para atingir sua meta e começa a deparar com pequenos desafios, contratempos e obstáculos. Fica mais preparado para as maiores provações futuras. Seleciona as pessoas (familiares, funcionários, sócios, amigos) com quem pode contar e identifica quem são as que desejam prejudicar sua jornada, ou seja, é quando ele define seus aliados e inimigos.

7 **Aproximação da caverna secreta:** surgem dúvidas, e as crenças bloqueadoras se revelam. O empreendedor "normal" se recolhe em um esconderijo, interior ou não, e retorna aos seus questionamentos iniciais e ao enfrentamento dos medos que o impediam de iniciar sua jornada. A terapia se torna uma grande ferramenta para preparar o empreendedor "normal" para uma grande mudança.

8 **A provação:** o empreendedor "normal" sofre um tipo de morte, passa pela provação para cumprir o seu chamado. Isso pode acontecer em situações de grande dificuldade, um teste físico extremo, na separação de uma sociedade ou relacionamento, no fechamento de um negócio ou algo parecido. O empreendedor "em transformação" usa todos os conhecimentos e experiências adquiridos na jornada para aplicar a grande mudança. Foi o que aconteceu comigo quando fiz minha primeira maratona. Acesse o Qr Code abaixo para assistir a esse vídeo curto, e entenderá do que estou falando:

Para acessá-lo, basta escanear o QR code.

9 **A recompensa:** o empreendedor recebe uma recompensa pelas transformações executadas: melhoria da saúde, mais tempo para cuidar do corpo, da mente e do espírito, reconciliação com as pessoas que ama ou aumento do faturamento e do lucro. Mas a jornada ainda não acabou.

10 **O caminho de volta:** o empreendedor "em transformação" entra em um momento de introspecção (silêncio, oração, meditação, contemplação) e reflete sobre a realização de um objetivo pessoal ou de um bem coletivo maior. A sensação de medo é substituída pelo sentimento de realização por conseguir liberar tempo, perdoar a si mesmo e pertencer a algo maior. É quando o capital espiritual é ativado.

11 **A ressurreição:** ponto mais alto da jornada. A derradeira batalha. A última tentativa para a grande mudança. O antigo inimigo do empreendedor ressurge inesperadamente. As pessoas à sua volta estão em perigo e ele não pode perder. Ele entende que sua vida e seu negócio devem servir ao próximo. Ele vence e destrói o inimigo de uma vez por todas. Renasce para ser um empreendedor "pleno". Tive essa sensação durante a segunda onda da pandemia, quando passei a ter novamente os sintomas de burnout, entre o final de 2020 e o início de 2021.

12 **O retorno com o elixir:** o empreendedor pleno é reconhecido. O retorno ao seu ponto de partida simboliza o sucesso, a conquista e a mudança definitiva. Ele sabe quem é e qual é o seu propósito na vida pessoal e nos negócios. Está tudo integrado, e ele sabe que é possível crescer sem enlouquecer. Inspira os que estão próximos a fazer o mesmo. Sua mudança é o elixir para um novo ambiente.

Por fim, deixo a oração quântica que faz parte dos meus hábitos diários e que acredito que resume a importância da ativação e integração dos quatro capitais dos empreendedores plenos. Esta oração deverá ser feita durante as 12 semanas ou quinzenas em que você estiver aplicando o programa Crescer sem Enlouquecer – preferencialmente pela manhã, mas também pode ser feita no melhor horário para você, para ativar o seu capital espiritual, que é a fonte, a usina de toda energia empreendedora.

Eu ORDENO a retirada de minha mente de todas as crenças, conceitos, pensamentos, imagens, frases, pessoas negativas e TUDO que limitou até aqui o meu crescimento moral, profissional, financeiro e espiritual.

Se há algum inimigo revelado ou que não queira me atingir, que seja iluminado neste momento, tornando-se meu amigo, porque na minha vida só há lugar para amigos. Abençoe, abençoe, abençoe!

Coisas maravilhosas chegam à minha vida neste momento, neste dia e por toda a eternidade.

Eu conquisto os meus objetivos com facilidade. Vivo minha vida com alegria, calma, serenidade e harmonia comigo e com todo o universo.

Agradeço por tudo que sou e por tudo que tenho. Sei que o poder da consciência é ilimitado e que a Consciência Una está comigo em todos os lugares.

Reconheço que sou um ser em constante evolução.

Escolho agora meu progresso físico, mental, emocional e espiritual e agradeço por meu estado de bem-aventurança. Sou feliz porque consigo sempre o que preciso e em abundância.

Dentro de mim estão virtudes, qualidades, competência, sabedoria e inteligência que fazem a minha vida ser feliz, realizada e ampla.

Supero qualquer tipo de obstáculo. Diante de mim se desenha um futuro de muita ação, construção e alegria.

As opiniões dos outros são muletas.

Quem tem pernas fortes como eu não precisa de muletas.

Surpresas maravilhosas chegam agora à minha vida.

É maravilhoso como em todos os momentos estou mais feliz!

Eu sou saudável. Meus músculos são fortes, minha pele é firme, suave e viçosa, cheia de jovialidade.

Minhas células se renovam normal e ordenadamente, assim como meus hormônios.

Meu organismo funciona harmonicamente, e eu sou só saúde, paz, vivacidade, beleza e alegria.

É maravilhoso, maravilhoso, maravilhoso!

Minha vida e meus negócios sempre prosperam.

Todo dinheiro de que eu preciso vem a mim facilmente a partir de fontes infinitas do bem.

O dinheiro sempre flui para mim em avalanche e abundância, pois a riqueza me pertence e faz parte a todo instante da minha vida.

Meus amigos me abrem portas oportunas e vantajosas ao meu crescimento, que sempre contagiam e espalham prosperidade e otimismo entre todos com quem convivo.

Obtenho sempre alegria no contato com TODOS.

A riqueza está aqui. O mundo da Consciência Una é aqui e já é perfeito.

Obrigado, obrigado, obrigado!

Este livro foi impresso em papel pólen bold 70g
pela gráfica Assahi em outubro de 2023.